인공지능 라이프 코칭

인공지능총서

인공지능 시대입니다. 기계가 인간의 인지를 대신하고, 사물이 인간을 통하지 않고 다른 사물과 직접 커뮤니케이션합니다. 이에 따른 인간 삶과 문명 변화를 정확히 이해·예측·대응하는 것은 이 시대 우리 모두의 과제입니다. 인공지능총서는 인공지능 기술과 환경의 여러 주제를 10가지 키워드로 정리합니다. 관련 개념과 이론, 학계와 산업계의 쟁점, 우리 일상의 변화를 다룹니다. 인간과 기술의 현재, 미래를 세심히 분석합니다.

일러두기

- 인명, 작품명, 저서명, 개념어 등은 한글과 함께 괄호 안에 해당 국가의 원어를 병기했습니다.
- 외래어 표기는 현행 어문규정의 외래어표기법을 따랐습니다.

처음이세요?

전문가세요?

인공지능 라이프 코칭

김미진

대한민국, 서울, 커뮤니케이션북스, 2025

인공지능 라이프 코칭

지은이 김미진
펴낸이 박영률

초판 1쇄 펴낸날 2025년 5월 28일

커뮤니케이션북스(주)
출판 등록 2007년 8월 17일 제313-2007-000166호
02880 서울시 성북구 성북로 5-11
전화(02) 7474 001, 팩스(02) 736 5047
commbooks@commbooks.com
www.commbooks.com

ISBN 979-11-430-0298-3 03500

책값은 뒤표지에 표시되어 있습니다.

차례

AI와 함께하는 디지털 라이프 코칭

영화에서 현실로, 디지털 혁명

필자는 초등학교 방과 후 수업에서 초록색 커서가 깜빡이는 애플 컴퓨터를 처음 만났다. 이후 컴퓨터를 다시 보게 된 것은 고등학교 3학년에 집에 처음으로 컴퓨터를 들이게 되면서였다. 당시 난 초등학생이었고 TV에서는 미국 드라마 〈전격 Z작전〉(1982)이 인기였다. 주인공 마이클 곁에는 언제나 키트라는 자동차가 함께했는데, 키트는 마이클과 자유롭게 대화하며 필요한 곳으로 데려다주고, 위험한 상황에 나타나 마이클을 구출하는 인공지능 자율 주행 자동차였다.

먼 미래의 이야기처럼 여겨졌던 인공지능은 이제 더 이상 영화와 드라마 속 상상이 아니다. 영화 〈그녀(Her)〉(2013)의 사만다와 같은 대화하는 인공지능은 LLM(Large Language Model, 대규모 언어 모델) AI로 이미 구현되어 있으며, 〈전격 Z작전〉의 키트도 곧 현실로 다가올 듯하다. 영화처럼 인간과 인공지능이 함께하는 모습이 일상이 된 지금, 이들을 어떻게 받아들이고 준비

해야 할지 고민이 필요한 때다.

디지털 기술과 인공지능은 현대인의 삶에 깊숙이 관여하며, 우리 삶을 근본적으로 변화시키고 있다. 산업혁명이 공장과 기계화를 통해 인간의 육체노동을 대체하고 대량 생산의 시대를 열었으며, 컴퓨터와 인터넷의 등장은 전 세계를 네트워크로 연결하고 정보를 실시간으로 공유할 수 있게 하였다. 이러한 디지털 기술의 발전은 인류의 일하는 방식을 근본적으로 변화시켰다. 반복적인 육체노동이 중심이던 시대에서 이제는 정보와 지식 기반 산업이 주류가 되었다. 2007년 등장한 아이폰은 단순한 전화기를 넘어 카메라, 음악, 지도 등 일상의 물리적 도구를 대체하고 소셜 미디어 등의 플랫폼이 등장하면서 새로운 형태의 사회적 연결을 만들어 냈다. 그리고 스마트폰 보급은 반도체와 클라우드 서비스의 발전, 그리고 빅 데이터의 등장으로 이어진다.

스마트폰의 등장과 함께 다양한 모바일 서비스의 활용은 개인의 삶의 만족도에 큰 영향을 미치고 있다. 스마트폰은 단순한 생활의 편리 제공을 넘어, 비즈니스를 관리하거나 소셜 미디어를 통해 인간관계를 형성하고 디지털 취미 생활을 즐기는 데까지 확장되고 있다. 이제 이들은 현대인의 삶을 보다 풍요롭고 만족스럽게 만드는 필수적인 도구다. 그러나 한편, 디지털 기기를 능숙하게 활용할 수 있는 사람과 그렇지 못한 사람들 간의 삶의 질의 격차가 점점 벌어지는 문제점도 안고 있다.

《제4차 산업 혁명》에서 클라우스 슈바프가 제시한 비전은 IoT(사물 인터넷)와 빅 데이터, 인공지능을 중심으로 한 초연결성, 초지능성이 특징이다. 냉장고와 세탁기를 스마트폰으로 제어하거나, 사용자 검색 빅 데이터를 활용해 교통 정보 서비스를 제공하는 사례는 이미 익숙하며, 4차 산업 혁명 그래프의 최상단에 있는 인공지능은 지금 모두에게 와닿는 현실이 되었다. 오늘날의 인공지능, 특히 챗지피티(ChatGPT)와 같은 대규모 언어 모델은 보고서 작성, 고객 서비스 응대, 코딩 작업 등 지식 기반의 업무를 인공지능이 수행함으로써 인간의 육체노동보다 지식 노동을 빠르게 대체하며 인류의 일하는 방식과 산업 구조를 또 한 번 혁신하고 있다.

지금의 챗지피티와 같은 인공지능은 스마트폰과 같은 개인 디바이스와 밀착된 형태로 제공되고 있으며, 스마트폰과 마찬가지로 사람들의 일상에 점점 더 큰 부분을 차지하게 될 것이다. 스마트폰 숙련도에 따라 생활 서비스의 편리성을 활용하는 정도가 개인의 일과 삶에 큰 영향을 미쳤듯이 AI를 활용할 수 있는 능력은 이제 생존에 필수적인 역량이 될 것이다.

인공지능의 등장과 확산은 스마트폰의 출현이 가져온 것과 같이 인류 문화의 전환점을 만들어 내고 있다. 이제 인공지능은 단순히 선택 가능한 기술이 아니라, 사회적 생존을 위한 필수 요소이자 경쟁력을 결정짓는 요소가 되고 있다. 이 책은 디지털 리터러시와 AI 활용 능력(인공지능 리터러시)을 이 시대를 살아가는 필수적인 역량으로 강조하며, 독자들에게 이러한 변화 속에서 기회를 찾고, 인공지능을 적극적으로 활용할 수 있는 길을 제시하고자 한다.

인공지능 시대의 새로운 리터러시

지난 수십 년간 인터넷과 스마트폰이 정보의 접근과 소통 방식을 바꾸었다면, 인공지능은 인간의 지적 활동과 지식 노동의 형태를 바꾸고 있다. 키워드를 입력하면 AI가 정보를 탐색하고 알아서 정리해 주며, 문서 작성은 물론 코드 작성 등 고도의 지식 노동은 AI 보조로 그 속도가 훨씬 빨라졌다. 전통적인 지식 노동자들, 예를 들면 기자, 번역가, 디자이너 등의 직업은 AI와 경쟁하거나 협업하는 직업이 되었으며, 인간 고유의 영역이라 여겨졌던 시와 소설, 그림, 작곡 등의 창의적인 작업 역시 AI로 가능해지면서 창작의 의미가 변화되고 있다. 이러한 변화는 특정 분야에 국한되지 않고 교육, 비즈니스, 의료, 예술 등 인간 활동의 모든 영역에서 동시에 일어나고 있다. 이제 우리는 정보를 찾는 데 그치지 않고, 맥락과 의도를 반영한 정리된 답변을 받고, 더 나아가 다음 작업을 진전할 수 있는 질문을 제안받는 새로운 학습 환경 속에 살고 있다. 이러한 변화는 단지 편리함의 차원을 넘어, 개인이 스스로 사고하고 표현하고 행동하는 힘, 즉 '리터러시'의 본질을 다시 생각하게 만든다.

기술 발전의 방향은 언제나 인간 중심적이어야 한다. 인간의 인간을 위한 인간에 의한 기술은 과거의 문맹 퇴치 운동처럼 개인의 사회화와 민주화를 이끄는 강력한 도구가 될 수 있다. 1900년대 일제 강점기에 시작된 문맹 퇴치 운동은 광복 후까지 이어져 약 78%였던 문맹률을 1958년 4.1%까지 낮췄다.(국가기록원) 문맹 퇴치 운동은 개인이 읽고 쓰는 것을 넘어 생각과 의견을 표현할 기회를 주고, 사고방식을 확장했다. 이는 개인의 삶의 질을 개선할 뿐 아니라 사회 참여를 확대하고 더 나아가 공동체 발전을 이끄는 리터러시(Literacy)다.

이와 같은 맥락에서 디지털 기술과 인공지능의 발전은 현대 사회에 새로운 형태의 리터러시를 요구하고 있다. 쉬운 예로 티켓 예매를 스마트폰에서 할 줄 알고, 필요한 정보를 인터넷으로 검색하는 것은 현대 사회의 새로운 리터러시다. 이제 디지털을 활용할 줄 아는 디지털 리터러시는 생활의 필수 서비스를 사용할 수 있는 기본 능력이 되었다.

또 리터러시는 비판적 사고와 이해를 바탕으로 한다. 비판적 사고란, 정보를 분석하고 평가하며, 증거를 기반으로 논리를 전개하는 사고방식이다. 이는 다양한 정보를 연결하고 오류를 피하며, 의문을 제기하고 최선의 선택을 하는 능력을 포함한다(박제원, 2024). 무조건적인 정보 습득과 활용이 아닌, 예를 들어 유튜브는 개인의 주장을 담은 채널임을 인지하고 추천 영상 알고리즘을 이해하며, 영상에서 가짜 뉴스를 구분할 줄 아는 것이다. 또한, 인공지능이 생성하는 정보의 맥락을 이해하며, 출처를 확인하고 가짜 정보(환각 현상)를 판별할 수 있는 능력이다. 인공지능 활용은 이러한 비판적 사고를 바탕으로 할 때 효용이 있다.

기술 수용을 넘어 가능성으로

인류는 문자와 종이의 발명에서 전기와 자동차에 이르기까지, 시대를 정의하는 새로운 기술이 등장할 때마다 혼란의 과정을 겪어 왔다. 그러나 이러한 혼란은 기술을 수용하고 적응하는 과정에서 필연적으로 동반되는 현상으로, 인류는 이를 통해 기존의 규범을 재정립하고 새로운 혁신을 이루어 왔다. 예컨대, 전기의 보급은 산업과 기기의 패러다임을 근본적으로 바꿨으며, 자동차의 등장은 이동과 교통의 개념을 완전히 새롭게 정의했다. 전기의 보급은 야간에도 사람들이 일을 해야 하는 환경을 만든 반면, 생산성을 높이고 물자를 풍부하게 했다. 자동차의 등장은 마차보다 위험하지만 물자의 이동과 교역이 더욱 활발해졌다. 이렇듯 기술 발전은 생활 방식을 변화시키는 것은 물론, 산업 구조를 재편하고 노동의 생산성을 증가시키고, 교류를 확대하면서 사회 구조와 인류 문명의 흐름을 바꾸었다.

오늘날 디지털 혁명과 인공지능 기술의 출현도 마찬가지다. 기계가 인간의 일자리를 대체할 것이라는 두려움, 데이터에 대한 통제력 상실 우려, 윤리적 책임 소재의 혼란 등이 있지만, 그 이면에는 분명히 가능성도 함께 존재한다.

우리는 이제 인공지능을 통해 방대한 데이터를 분석하고, 질병을 조기에 진단하며, 언어와 국경을 넘어 소통할 수 있는 시대에 살고 있다. 기술은 두려움의 대상이기

보다 우리가 어떻게 활용하느냐에 따라 삶의 질을 높일 수 있는 실질적인 도구가 될 수 있다. 디지털 혁명과 인공지능은 단순한 편리함을 넘어, 인간의 가능성과 상상력을 확장하는 새로운 시대의 동반자로 자리 잡고 있다.

사람들은 기술이 악용되어 우리 사회에 혼란을 주고 누군가를 해치거나, 인간 고유의 역할을 위협한다는 불안 속에서 주저한다. 인공지능 역시 마찬가지다. 대체될 것이라는 두려움, 통제력을 잃을지도 모른다는 걱정이 사람들을 망설이게 한다.

하지만 지금 우리에게 익숙한 소셜 미디어의 예를 들어 보자. 특별한 규칙이나 교육 없이도 전 세계 사람들이 플랫폼에 적응했고, 즐겁고도 의미 있는 소통을 경험하며 새로운 문화를 만들고 있다. 부작용을 무시할 수 없지만 대부분은 책임감 있게 사용하며 인류 보편의 규범을 지키고 더 나은 방향으로 이끌고 있다.

인공지능 역시 마찬가지다. 중요한 것은 기술이 우리에게 무엇을 할 수 있는지가 아니라, 우리가 그 기술을 어떻게 사용할 것인지에 대한 태도다. 인간 중심의 원칙과 사회적 상상력을 바탕으로 할 때, AI는 단순한 도구를 넘어 삶을 함께 설계하고 확장해 나갈 동반자가 될 수 있다. 두려움보다는 가능성에, 통제보다는 협력에 주목할 때, 우리는 인공지능이 열어 줄 새로운 시대를 더욱 건강하게 맞이할 수 있다.

인공지능 시대의 인간다움

인공지능 시대에 우리는 중요한 선택의 기로에 서 있다. 인공지능을 활용해 자신의 삶을 풍요롭게 만들 것인가, 아니면 변화의 흐름에 뒤처져 도태될 것인가? 이러한 질문은 개인에게만 해당하는 것이 아니라, 기업과 사회 전반에도 똑같이 적용된다.

오늘날 인공지능은 단순한 정보 검색을 넘어, 시간을 관리하고, 목표를 설정하며, 감정을 기록하고 돌보는 일상 속 실질적인 조력자가 되고 있다. 보고서 작성이나 데이터 분석과 같은 업무뿐만 아니라, 자기 이해와 감정 표현, 창의적인 글쓰기, 목표 달성 등 삶의 내밀한 부분에도 도움을 줄 수 있다. AI는 우리 삶을 더 나은 방향으로 정리하고 확장할 수 있도록 돕는 도구이자, 때로는 자신을 돌아보게 하는 코치와 같은 역할을 할 수 있다.

그러나 인공지능은 인간을 완전히 이해할 수 없다. 안희연 작가는 "문학의 힘은 모든 사람 안에 있는 통각을 깨우는 것"이라 말한 바 있다(이준목, 2025.4.1). 감정과 감각이 없는 AI는 인간의 기쁨과 슬픔을 이해하지 못하며, 고통을 느끼지 못한다. 인류 사회를 이끄는 것은 효율적인 알고리즘이 아니라 타인의 아픔을 이해하고 공감하며, 배려하는 마음이다. 이는 곧 인간다움이며 인공지능이 대체할 수 없는 인류의 가치다. AI는 우리의 삶을 보조할 수 있을 뿐, 인간의 삶을 대신할 수는 없다. 인공지능 시대의 인간다움이란, 기술에 휘둘리거나 끌려가는 것 보다 삶에 주도적으로 활용하는 태도다.

이 책은 인공지능이라는 새로운 도구를 두려워하거나 맹목적으로 받아들이는 것이 아니라, 삶을 풍요롭게 하기 위한 동반자로 삼을 수 있도록 돕고자 한다. 기술보다 앞서야 할 것은 언제나 사람이다. 독자들이 이 책을 통해 AI의 새로운 가능성을 탐색하고, 디지털 시대에 인간다움을 잃지 않고 삶을 주도적으로 설계해 나가길 바란다.

이 책의 구성

이 책은 인공지능 시대를 살아가는 우리 모두가 AI를 보다 인간적인 방식으로 받아들이고, 삶에 주도적으로 활용할 수 있도록 돕기 위해 구성되었다. 총 10개의 장은 각각의 기술적 주제보다 '사람'에 집중하며, 일상과 연결된 구체적인 상황을 중심으로 풀어내려 노력했다.

먼저, 인공지능 시대에 꼭 필요한 새로운 문해력, AI

리터러시에 대해 말한다. 리터러시란 단순히 기술을 다루는 능력이 아니라, 정보를 비판적으로 수용하고, 맥락을 이해하며, 삶의 문제를 해결하는 데에 적용할 수 있는 힘으로 바라본다.

2장에서는 AI 에이전트와 일상 속 디지털 기기들이 어떻게 결합되고 있는지 다룬다. 냉장고, 스피커, 자동차와 같은 사물들이 연결되고 인공지능과 통합되었을 때 우리 삶이 어떻게 변화될 수 있는지 상상해 본다.

3장 '친절한 기계, 대화하는 AI'와 4장 'AI, 나만의 고민 상담가'에서는 소통의 관점에서 AI를 다룬다. 이제 우리는 기계와 '말을 나누는' 시대에 살고 있다. AI는 사용자를 기억하고, 감정 상태에 반응하며, 때로는 위로를 건네기도 한다.

5장과 6장에서는 대화를 분석하고, 상황에 맞는 의사소통 전략을 제안하는 커뮤니케이션 코치와 목표 달성을 위한 개인 코치로서 AI를 어떻게 사용할 수 있는지 이야기한다. 또, 7장에서는 AI를 통해 많은 사람들이 꿈꾸는 예술과 창작의 기쁨을 누리는 사례를 살펴본다.

빠르게 발전하는 기술에 적응하기 어려운 이들도 많다. 8장에서는 AI가 주는 기술의 포용 가능성을 이야기한다. 가장 진보된 기술인 AI는 장애인이나 고령자처럼 기술에서 소외되기 쉬운 이들에게 오히려 접근성과 편의성을 강화하였다.

9장 'AI 사피엔스'는 스마트폰을 지나 AI와 함께 살아가는 시대에 인간은 단지 기술을 사용하는 존재가 아니라, 기술과 공진화하는 존재로 바라본다.

마지막으로 앞에서 논의한 개념들을 실제 삶에 적용하는 방법들을 소개한다. 어떤 AI를 선택할 것인지, 어떻게 활용해야 하는지, 그리고 각자의 속도와 방향에 맞게 기술을 삶에 수용하는 방법과 자세에 대해 말한다. 가장 중요한 것은 기술 자체보다, 그것을 통해 어떤 삶을 살아가고 싶은가 하는 질문이다.

참고문헌

국가기록원(n.d.). "문맹 퇴치 사업 1954년".
https://theme.archives.go.kr/next/hangeulPolicy/business.do

박제원(2024.4.2). "비판적 사고란 무엇이고, 왜 필요한가?".
《21erick.org》. https://21erick.org/column/12424/

이준목(2025.4.1). "문학은 모든 사람 안에 있는 통각을 깨우는 것".
《오마이뉴스》. https://omn.kr/2cud7

01
미래 AI 리터러시

AI 시대를 살아가기 위한 가장 중요한 역량은
리터러시다. 리터러시는 문해력을 넘어서
정보를 비판적으로 이해하고 활용할 수 있으며,
기술을 삶에 의미 있게 사용할 수 있는 힘이다.
리터러시는 기술에 끌려가는 삶이 아니라
주도적으로 삶에 활용하기 위한 첫걸음이다.

AI와 1인 창업?

디지털 리터러시와 시민 의식

'리터러시'로 언급되는 용어에는 디지털 리터러시, 미디어 리터러시, 인공지능 리터러시 등이 있다. 일부에서는 1인 미디어로 가장 영향력이 큰 유튜브를 언급하며 '유튜브 리터러시'를 포함하기도 한다.

'리터러시(Literacy)'란 우리말로 '문해(文解)력'으로 일컬어지며, 텍스트를 읽고 쓰는 능력을 의미한다. 과거 문맹 퇴치 운동은 글을 읽고 쓸 수 있도록 교육하는 데 초점을 맞추었다. 그러나 오늘날의 '리터러시'는 단순한 문해, 글의 해석을 넘어 정보의 탐색, 평가, 분석, 소통을 포함하여 사회적, 관계적 역량까지 포괄하는 개념으로 확장되고 있다. 특히 디지털 시대에 들어선 이후에는 디지털 기기와 기술을 이해하고 활용하는 능력, 즉 '디지털 리터러시(Digital Literacy)'가 중요한 화두로 떠오르고 있다.

디지털 리터러시에 대한 연구 활동은 학교의 디지털 활용 교육을 비롯하여 디지털 소외 계층을 위한 교육까지 활발하게 이루어지고 있다. 그중 '디지털 리터러시 교육 과정 프레임워크 개발 연구'에서 정의하는 '디지털 리터러시'는 다음과 같다. 여기서는 디지털 문해력 향상으로 인한 개인으로서의 역량 개발뿐만 아니라 사회 구성원으로서의 시민 의식 개선과 영향력까지 폭넓게 정의하고 있다(이운지 외, 2019).

> 디지털 사회 구성원으로서의 자주적인 삶을 살아가기 위해 필요한 기본 소양으로 윤리적 태도를 가지고 디지털 기술을 이해, 활용하여 정보의 탐색 및 관리, 창작을 통해 문제를 해결하는 실천적 역량

이렇듯 디지털 리터러시는 오늘날 윤리적 태도와 실천적 역량을 포함한 필수적 기본 소양으로 정의된다.

여기서 이야기하는 윤리적 태도란 이메일 에티켓, 건강한 댓글 문화의 이해 등 디지털 공간에서 윤리적 사회적 규범을 이해하고 따르는 것을 말한다. 이는 온라인에서도 오프라인과 같이 스스로를 지키고 타인을 존중하고 배려할 수 있는 태도다. '부캐(본 캐릭터와 별도로 만든 캐릭터, 취미 활동 등 다른 모습이나 역할을 의미)' 또는 '페르소나'가 유행하고 있지만, 시민 의식은 '본캐(본 캐릭터, 원래 자신이 가진 직업이나 모습)'와 다를 바 없을 것이다. 직접 대면하지 않는 온라인 소통의 특성으로 존중과 배려, 상호 소통의 규범은 잊히기 쉽다. 디지털 리터러시는 존중과 배려의 사회 원칙을 다시 상기하는

것에서 시작한다.

디지털 원주민인 아이들은 디지털 기술 활용에는 능숙하지만, 아직 사회적으로 성숙하지 못하여 온라인 관계 형성에 미숙하고 가짜 뉴스와 편향적 정보에 대해 비판적으로 사고하는 능력이 부족할 수 있다. 반면, 시니어 세대는 디지털 기술 활용에 어려움이 있지만 사회적으로 성숙한 시민 역량을 갖추고 있다. 아이들에게는 온라인에서도 사회 규범이 작동하고 있음을 알려 주고, 시니어 세대는 오프라인과 마찬가지로 온라인에서 소외되지 않고 공동체의 일원으로 역할과 권리를 다할 수 있도록 해야 한다.

디지털이 필수인 시대에 이러한 시민 의식의 차이는 사회 갈등의 원인이 될 수 있다. 사소한 댓글 논란부터 차별과 혐오, 갈등 이슈들이 SNS와 각종 디지털 플랫폼을 통해 빠르게 전달되고 격화되기도 한다. 디지털 활용 교육에 앞서 디지털 시민 교육을 시행하면 격차를 줄이고 건강한 사회를 이루는 데 중요한 역할을 한다.

AI 리터러시의 이해

2022년 챗지피티가 등장한 이후 디지털 리터러시의 개념은 인공지능 기술의 발달과 함께 '인공지능 리터러시'

로 확장되고 있다. 인공지능 리터러시는 디지털 리터러시와 같은 맥락으로 인공지능 기술을 이해하고, 윤리적으로 활용하며, 인공지능과의 협업을 통해 문제를 해결하는 능력을 의미한다. 이는 단순히 인공지능을 사용하는 것을 넘어 작동하는 원리를 이해하고 인공지능 기술이 미치는 사회적, 윤리적 영향을 인식하는 데까지 포함된다.

인공지능 기술은 인간의 편견을 학습하거나 악의적으로 사용될 경우 부정적인 결과를 초래할 수 있다. 가장 쉬운 예로 유튜브의 알고리즘이 추천하는 개인 맞춤 영상을 들 수 있다. 개인 맞춤형 콘텐츠 추천은 편리하지만 다양한 관점을 수용하기 어렵고 편향된 사고방식을 부추긴다. 한국인의 88%가 유튜브를 사용한다(성유진, 2024). 이러한 추천 알고리즘의 특성을 인식하지 못한다면 인공지능이 잘못된 정보를 주거나 악의적인 의도로 사용될 경우, 심각한 사회 문제를 초래할 수 있다.

유튜브는 누구나 영상을 공유할 수 있는 1인 미디어 플랫폼이며 크리에이터들이 검증되지 않은 사실과 주장을 자극적인 콘텐츠로 제작하여 업로드하기도 한다. 인공지능 편향의 다른 예로 구글의 클라우드 서비스 중 하나인 구글 포토에서 흑인 사진을 고릴라로 분류하여 표기한 것은 유명한 일화다. 이러한 현상은 데이터 편향이자 우리 사회의 편향임을 알 수 있다. 인공지능 활용에 앞서 이러한 위험에 대한 인식이 필요하다.

챗지피티 출현 초기 '세종대왕 맥 북 던짐 사건'이 있었다. 세종대왕과 맥 북은 동시대에 존재하지 않지만 이를 마치 사실인 것처럼 이야기를 덧붙여 답변한 인공지능 환각 현상이다. 3년여가 지난 지금도 AI에게 신문 기사 링크를 주고 기사에서 알 수 있는 사실을 나열하도록 해도 역시 환각 현상이 종종 발생한다. 법률 전문가가 아닌 사용자가 챗지피티 등의 인공지능을 법률과 세무에 조언자로 활용하는 경우도 있다. 이는 인공지능의 편향과 오류를 이해하지 못하고 섣불리 사용하는 예다. 해당 분야의 전문가가 아닌 경우 이러한 활용은 위험할 수 있으며 반드시 팩트 체크가 필요하다.

2025년 2월 기준 챗지피티의 주간 활성 이용자 수(WAU, Weekly Active User)가 4억 명에 이른다(김태종, 2025). 환각 현상은 많이 보완되었지만 인공지능은 여전히 오류가 있을 수 있으며 사용자가 이를 인지하고 구분할 수 있는 능력은 매우 중요하다.

미래 AI 리터러시

인공지능은 '이미 와 있는 미래'다. 텍스트 기반의 대화형 AI에 이어 짧은 단어 하나로 이미지는 물론 영상을 만들기에 이르렀다. 인공지능 관련 산업은 소프트웨어에 머물지 않고 하드웨어에도 활발하게 적용되고 있다. 돌봄 반려 로봇, 자율 주행 자동차에 이어 2026년이면 휴머노이드 로봇이 상용화 된다(김상훈, 2025). 머지않은 미래에는 사람과 AI 로봇을 구분하는 법을 배워야 할지도 모른다.

이처럼 빠르게 발전하는 기술에 적응하는 것은 생존에 필수가 되었다. 윤리적 태도와 시민 의식, 비판적 사고를 넘어서 실행 가능한 실천적 역량을 갖춰야 한다.

최근 디지털 격차를 해소하기 위한 디지털 배움터, 소상공인을 위한 디지털 전환 및 디지털 문해력 교육이 한창이다. 디지털 문해력 교육이 소셜 미디어 활용 및 편집 디자인 도구 등의 사용법에 초점이 맞춰졌다면 이제는 인공지능 활용 교육으로 변화되어야 한다.

AI를 활용하면 필요한 정보를 탐색하고, 복잡한 여행 계획을 세우는 데에 큰 도움을 받을 수 있다. 직장인은 AI 도구를 활용해 일정 관리와 보고서 초안 작성 등 업무 효율을 높일 수 있으며, 소상공인은 제품 제작을 위한 디자인 아이디어를 얻고, 효과적인 마케팅 전략을 수립할 수 있다. 아이들은 AI 학습 보조 도구를 통해 개인의 학습 속도와 수준에 맞는 맞춤형 교육 콘텐츠를 제공받아 학습 효과를 극대화할 수 있다.

AI 활용의 장점은 무엇보다 과거에는 할 수 없었던 일들을 가능하게 한다는 것이다. 글을 쓰거나 그림을 그리고, 영상을 제작하는 것이 아이디어가 뛰어난 작가나 전문가들만이 할 수 있는 영역이었다면, 이제 작은 아이디어를 확장하고 실현하는 것이 너무나 쉽고 빠르게 가능해졌다. 막연히 도구를 잘 사용하는 것보다 작은 아이디어를 실현하고자 하는 욕망은 호기심과 성취감을 주며, 이는 인공지능에게는 없는 능력이다.

이 책을 통해 도구 사용법을 익히기보다 AI를 활용해야 할 특별한 목적이나 목표가 없는 사람들이 호기심을 되찾고 아이디어를 실현하고자 하는 욕구가 생기기를 원한다. 기술에 적응하고 꿈을 실현하기 위한 도구이자 자주적 삶을 위한 실천적 도구로서 AI를 탐색하기 바란다. 이것이 우리 삶을 주체적으로 살아가게 하는 진정한 '리터러시'일 것이다.

참고문헌

김상훈(205.1.2). "테슬라, 휴머노이드 로봇 2026년 상용화...시장 규모 2035년까지 확대". 《이지이코노미》. https://www.ezyeconomy.com/news/articleView.html?idxno=206473

김태종(2025.2.21). 中 딥시크 영향 없다?…"챗GPT 2월 기준 주간 이용자 4억 명". 《연합뉴스》. https://www.yna.co.kr/view/AKR20250221005000091

성유진(2024.6.27). 한국인 88%가 유튜브 본다... 10대 남성이 가장 많이 시청. 《조선일보》. https://www.chosun.com/economy/tech_it/2024/06/27/6PSUMYF7WVH77MC3MDYCSI6ENA/

이운지 외(2019). "디지털 리터러시 교육과정 프레임워크 개발 연구", 《교육연구논총》, 10쪽, 충남대학교 교육연구소, https://www.kci.go.kr/kciportal/landing/article.kci?arti_id=ART002497991

02
인공지능 에이전트와 생활 기기

스마트 홈, IoT, AI 스피커는 이제 낯설지 않다. 미래의 AI 에이전트를 상상해 보고 지금 적용되고 있는 사례를 통해 AI가 우리 삶에 미치는 영향에 대해 생각해 본다.

AI와 MBTI?

AI 스마트 내비게이션

필자는 자동차 운전 중 챗지피티를 종종 활용한다. 운전 중 자료를 검색하거나 궁금한 점을 해결하기 위해 챗지피티와 음성 모드로 대화한다. 목적지에 도착하면 텍스트로 저장된 대화 내용을 확인하고, 요약해 달라고 요청하기도 한다. 장거리 운전 중 졸음이 올 때에는 마치 조수석의 말동무처럼 고민을 이야기하고 도움을 받기도 한다. 이러한 챗지피티의 음성 모드는 인터넷 연결이 원활하다면 큰 불편함 없이 대화가 가능하다.

최근 AI 에이전트의 필요성을 크게 느낀 경험이 있었다. 운전 중 길을 잘못 들어 내비게이션을 조작해야 하는 상황이 발생한 것이다. 잠시 차를 주차하고 목적지를 다시 설정해야 했는데, 챗지피티가 스마트폰을 제어할 수 있다면 어떨지 상상해 보았다. 대화로 요청할 수 있는 AI 에이전트가 스마트폰을 제어할 수 있다면 차를 세우지 않고 기기를 조작할 수 있고, 운전자는 운전에만 집중할 수 있을 것이다.

스마트폰은 뛰어난 성능을 자랑하지만 각각의 앱이 독립적으로 작동하는 한계가 있다. 따라서 운전 중 전화나 중요한 메시지가 왔을 때 안전하게 대응하기가 쉽지 않다. 음성 인식 기술이 발전했지만, 스마트폰은 여전히 특정 앱이나 기능에 한정된 동작이 가능할 뿐이다. 이런 불편함은 우리에게 진정한 의미의 AI 에이전트가 왜 필요한지를 잘 보여 준다.

최근 폭스바겐과 BMW가 챗지피티 기반의 AI를 적용해 운전 중 대화가 가능한 차량을 선보였다(김대기, 2024). 운전자는 자동차에서 AI 에이전트를 통해 뉴스를 검색하고 차량의 수리 방법을 물어볼 수 있다. 더 나아가 보다 발전된 AI 에이전트가 등장한다면, 차에서 집에 있는 냉장고의 식재료를 확인하고 쿠팡에 주문을 넣는 것까지 가능할 것이다. 장거리 운전이 많은 필자에게 정말 필요한 기능이다.

더 발전된 AI 에이전트가 등장한다면 운전 중 AI 에이전트를 통해 구글 캘린더의 다음 일정을 확인하고 네이버 지도에서 이동 시간과 거리를 예측하여 점심 식사를 위한 이동 동선을 계획할 수 있을 것이다. 이 과정에서 사용자는 구글 캘린더와 네이버 지도 앱을 알 필요가 없고 맛집을 검색하지 않아도 된다.

AI 에이전트란

챗지피티는 사용자의 요청이 있을 때 필요한 정보를 찾아서 정리해 준다. 퍼플렉시티(Perplexity) AI는 여기에서 더 나아가 사용자가 요청하지 않은 다음 질문을 예측하여 제안하고, 사용자는 제안된 질문을 클릭하여 대화를 이어 나갈 수 있다. 이는 AI의 답변 후에 무엇을 해야 할지 모르는 사람들에게 큰 도움이 될 수 있다. 퍼플렉시티는 챗지피티보다 능동적으로 대응하는 AI로 각광받고 있다. 퍼플렉시티는 AI 에이전트에 미치지 못하지만, 다음의 AI 에이전트 정의를 살펴보자.

> AI 에이전트란 생성형 AI 진화의 최신 단계로 특정한 목적을 위해 사용자를 대신해서 작업을 수행하는 자율적 프로세스다. AI 에이전트는 네트워크로 다양한 자원 또는 기기와 연결되어 스스로 환경의 변화를 인지하고 그에 대응하는 행동을 취하며, 경험을 바탕으로 학습하는 기능을 가진다. 에이전트는 수동적으로 주어진 작업만을 수행하는 것이 아니고, 자신의 목적을 가지고 그 목적 달성을 추구하는 능동적 자세를 지닌다(위키피디아).

쉽게 말해 AI 에이전트는 단순한 AI 챗봇이 아니라, 사용자의 목표를 이해하고 스스로 작업을 수행하는 지능형 도우미라고 볼 수 있다.

앞서 운전 중 일정을 확인하는 상황으로 가 보자. AI

에이전트는 사용자의 목표를 이해하고(목표 지향성), 다양한 소프트웨어에 접속할 수 있으며 사용자의 취향에 맞는 식당을 선택하고(상호 작용), 효율적인 이동 동선을 결정(능동성)할 수 있을 것이다.

스마트 홈과 AI 에이전트

사물 인터넷(IoT, Internet of Things)은 물리적 장치들을 인터넷에 연결하여 데이터를 수집하고 제어하는 기술이다. 최신 가전 기기들은 사물 인터넷을 통해 스마트폰과 동기화되어 외부에서 조작할 수 있는데, 인공지능과 결합되면 더욱 사용자 친화적인 환경을 제공할 수 있다. 냉장고, 세탁기, 에어컨, 조명 등 다양한 기기들이 AI를 통해 제어되고 사용자의 필요와 습관에 맞게 최적화된다면, 삶의 질은 한층 향상될 것이다. AI 에이전트가 통합된 스마트 홈은 '디지털 집사'를 둔 것과 같은 경험을 제공할 것이다.

예를 들어, 스마트 냉장고는 단순히 식재료를 관리하는 것을 넘어, 가족의 식습관과 건강 상태를 고려한 맞춤형 식단을 제안할 수 있다. 가족의 건강 정보를 AI에 입력하면 당뇨가 있는 가족을 위한 적절한 식재료와 조리법을 추천하고, 부적합한 식재료에 대한 알람을 제공할 수도 있다. 조리 중에는 스마트 냉장고의 AI와 대화를 나누며 다음 조리 단계를 물어볼 수도 있을 것이다. 또한, 에어컨과 공기 청정기는 실외 공기 질과 날씨 데이터를 분석해 최적의 실내 환경을 유지하도록 도와줄 수 있다.

가전 생활 기기와 AI 에이전트가 통합된다면 마치 영화 〈그녀〉(2013)의 인공지능 '사만다'처럼 사용자가 집에 들어오면 조명을 켜고, 인사를 나누는 것과 같이 AI와 함께 사는 기분이 들기도 할 것이다. 영화에서 '사만다'는 네트워크로 연결된 다른 AI 에이전트와 대화를 나누고 결국 주인공을 떠난다는 씁쓸한 결말이지만 네트워크로 연결된 능동적 AI 에이전트의 정의를 생각하면 충분히 상상할 수 있는 이야기다.

AI 에이전트의 활용

앞에서 미래의 AI 에이전트를 상상해 보았다면, 지금 적용되고 있는 사례를 살펴보자. AI 에이전트는 다양한 산업으로 확장되는데, 법률, 교육, 의료, 돌봄 서비스 등 여러 분야에서 우리의 삶을 보조하는 역할을 하고 있다.

대표적인 예로 영어 학습 앱에서 AI 에이전트를 경험할 수 있다. 사용자가 앱을 설치하고 회원 가입을 하면, AI 에이전트가 영어 공부의 목적과 관심 주제 등을 파악하기 위한 대화를 주도한다. 이를 바탕으로 개인화된 학습 커리큘럼이 제공되며, AI 튜터가 실시간 피드백을 제공한다. AI 튜터는 화상 회의를 하듯 사람과 같은 형태를 하고 있다. 이는 사용자의 목표를 이해하는 목표 지향성, 자동화된 실시간 피드백, 상호 작용 기능 등 AI 에이전트의 핵심 요소를 반영한 사례다.

또한, 온라인 쇼핑몰에서는 AI가 고객의 구매 이력, 검색 기록, 브라우징 패턴 등을 분석해 초개인화된 쇼핑 어시스턴트 서비스를 제공하고 있다. AI 에이전트는 단순히 추천 상품을 나열하는 것이 아니라, 사용자의 취향과 필요를 학습하여 맞춤형 쇼핑 경험을 만들어 간다.

최근 AI 법률 서비스가 변호사 협회로부터 제재를 받은 사례가 있었는데, 이는 우버(Uber)가 택시 업계와 겪었던 갈등과 비슷한 양상을 보인다. 새로운 기술이 도입되면서 기존 산업과의 충돌은 불가피하지만, AI 기술의 발전을 되돌릴 수는 없다. 제재를 받은 AI 법률 서비스에 이어 채 1년도 되지 않아 사고 기사와 질문을 입력하면 1분 만에 법률 의견서를 작성해 주는 AI 에이전트 '슈퍼로이어'가 등장했다(김태성, 2024).

결국 AI 에이전트는 사회 시스템을 비롯한 우리 삶의 많은 부분을 차지하게 될 것이며, 우리는 그 흐름을 거스

르거나 편리함을 거절하기 어려울 것이다. 이제 중요한 것은 이를 수용하는 우리의 태도다. AI를 수동적으로 받아들이는 것이 아니라, 적극적으로 탐색하고 활용하는 자세가 필요하다. 새로운 AI 서비스를 직접 경험하고 도구로 활용하면서 그 장점과 함께 한계를 인식하고, 디지털 문맹 또는 AI 문맹을 벗어나 이들을 삶의 도구로 활용할 수 있어야 할 것이다.

참고문헌

김대기(2024.12.15). "AI비서의 무한진화 … 자율 주행차·가전서도 맹활약". 《매일경제》. https://www.mk.co.kr/news/it/11203261

김태성(2024.12.17). "검사가 던질 질문 뽑고 판례도 분석 … AI 변호사, 법률 판 흔든다". 《매일경제》. https://www.mk.co.kr/news/it/11196965

위키피디아. https://ko.wikipedia.org/wiki/지능형_에이전트

03
친절한 기계, 대화하는 AI

기술과 인간이 만나는 방식은 마우스에서 터치스크린으로, 그리고 이제는 음성 대화의 시대로 진입했다. 이러한 인간 친화적인 기기의 인터페이스의 변화가 가져온 편리함과 한계를 살펴본다.

AI와 난임 극복?

불친절한 컴퓨터

컴퓨터는 원래 불친절한 기계였다. 초기의 컴퓨터는 거대한 크기와 복잡한 작동 방식 때문에 일부 학자들과 전문가들만이 사용할 수 있었다. 초창기의 컴퓨터는 펀치카드로 데이터를 입력해야 했고, 명령어를 직접 입력하는 방식이었기 때문에 일반인이 접근하기 어려웠다. 그러다 1970년대에 들어서면서 애플 컴퓨터가 등장하면서 개인용 컴퓨터(PC)의 시대가 열렸다. 1980년대에는 그래픽 사용자 인터페이스(GUI, Graphic User Interface)와 마우스를 도입하면서 혁신적인 변화가 시작되었다.

GUI의 등장은 컴퓨터 사용을 더욱 직관적으로 만들었다. 더 이상 명령어를 직접 입력하지 않아도, 마우스를 클릭하는 것만으로 프로그램을 실행하고 파일을 열 수 있게 되었다. 그로 인해 컴퓨터는 전문가들뿐만 아니라 일반 대중도 쉽게 다룰 수 있는 기기로 변화했다. 이후 인터넷의 보급과 함께 컴퓨터는 필수적인 도구로 자리 잡았고, 사람들은 정보를 검색하고 이메일을 주고받으며 디지털 환경에 익숙해지기 시작했다.

통신 기술의 발달로 스마트폰이 등장하고, 이어서 2007년 애플의 아이폰이 출시되면서 스마트폰이 급속도로 확산되었다. 그로 인해 컴퓨터를 전혀 몰라도 손안의 스마트폰으로 뉴스를 보고, 필요한 정보를 검색하며, 다양한 소프트웨어를 활용할 수 있는 시대가 열린 것이다. 스마트폰은 기존의 컴퓨터보다 더욱 직관적인 방식으로 조작할 수 있으며, 정보 접근은 더욱 편리해졌다. 이러한 변화 덕분에 어린아이부터 노인까지 누구나 디지털 기기를 사용할 수 있게 되었다.

이제 학교 현장에서도 변화가 눈에 띈다. 과거 컴퓨터실로 이동해야만 했던 디지털 교육이 이제는 각 교실에서 이루어진다. 학생들에게 태블릿이 배포되어 언제든지 디지털 기기를 활용한 학습이 가능해졌다. 특히 아직 컴퓨터를 배우지 않은 초등 저학년 학생들도 직관적인 터치스크린 인터페이스 덕분에 쉽게 기기를 다룰 수 있게 되었다. 과거에는 컴퓨터 키보드와 마우스 사용법부터 가르쳐야 했지만, 지금은 바로 학습에서 사용할 수 있다. 이는 디지털 취약 계층인 시니어에게도 마찬가지로 적용된다.

고도의 작업이 아니라면 컴퓨터에서 가능한 대부분의 활동이 이제는 모바일 기기에서 가능하다. 게다가 스마트폰은 어린아이들부터 노인까지 많은 사람들이 매일 사용하는 익숙한 기기가 되었다. 이제 AI의 발전은 또 한 번 기술의 패러다임을 바꾸고 있다.

친절한 기계, 대화하는 AI

디지털 기기의 인터페이스는 마우스와 키보드에서 스마트폰의 터치스크린으로, 그리고 이제는 대화형 AI로 진화하고 있다. 이러한 변화는 기기와 사람 간의 상호 작용을 보다 자연스럽고 편리하게 만들었다. 사용자는 버튼 대신에 음성 명령을 통해 AI를 쉽게 다룰 수 있으며, AI는 자연어로 정보를 제공하는 친절한 도우미가 되었다.

대화형 인공지능이 점점 더 인간과 자연스럽게 소통할 수 있게 된 배경에는 여러 기술 발전이 있다. 자연어 처리(NLP, Natural Language Processing), 기계 학습, 음성 인식 기술이 발전하면서 인공지능은 더 복잡한 문맥을 이해하고, 보다 인간 친화적인 상호 작용을 할 수 있게 되었다.

대화형 인공지능은 2011년 애플의 시리(Siri)를 시작으로, 아마존의 알렉사(Alexa)에 이어 구글 어시스턴트 등이 등장했다. 빅스비, 구글 어시스턴트와 같은 스마트폰 음성 비서는 일정 관리, 알람 설정, 전화 걸기 등 기본적인 기능을 음성으로 제어할 수 있으며, AI 스피커는 음악 재생, 날씨 확인, 간단한 정보 검색을 대화로 해결해준다. 초기에는 간단한 질문이나 정해진 명령을 수행하는 수준이었지만, 자연어 처리 기술이 발전하면서 더 복잡한 대화가 가능해졌다. 그리고 2022년 말 챗지피티의 등장은 대화형 인공지능의 새로운 전환점이 되었다. 이제 인공지능은 단순 명령을 수행하는 것을 넘어 대화의 맥락을 이해하고, 심도 있는 상호 작용이 가능한 수준이 되었다.

인공지능 자연어 처리 능력의 발전은 인간과 직접 상호 작용하는 다양한 산업에 변화를 가져오고 있다.

언어를 다루는 번역 서비스 분야도 크게 발전했는데, 이전에는 번역할 언어를 직접 선택하고 글을 입력해야 했지만, 최근의 번역 프로그램은 언어를 자동으로 감지하고 번역의 속도와 정확도, 섬세함이 상당히 향상되었다. 카메라로 외국어 메뉴판이나 안내문을 비추면 실시간으로 번역된 텍스트를 화면에 표시해 주기도 한다.

대화형 AI는 고객 서비스, 교육, 의료 상담 등 사용자와 직접 상호 작용하는 분야에서 활발하게 도입되고 있다. 이미 많은 기업에서는 고객 응대 업무를 상담원이나 ARS에서 AI 챗봇으로 전환하고 있으며, 교육 분야에서는 학생들에게 맞춤형 학습을 지원하는 AI 튜터가 등장했다. 의료와 법률과 같은 전문 분야에서도 AI 챗봇이 기초적인 상담을 제공하는 등 그 적용 범위가 더욱 확대되고 있다.

과거에는 기술이 발전할수록 정보 격차가 커진다는 우려가 있었다. 새로운 기기와 소프트웨어가 등장할 때마다 이를 익히기 어려운 사람들은 기술의 혜택을 받지 못하고 소외되는 경우가 많았다. 하지만 AI의 등장은 오히려 기술을 '더 친절하게' 만들었다. 더 이상 복잡한 컴퓨터 사용법을 배울 필요 없이, AI에게 직접 묻고 원하는 정보를 얻을 수 있기 때문이다.

대화형 AI는 어린아이부터 노인까지 누구나 쉽게 사용할 수 있다. 아이들은 AI 스피커에게 동화를 읽어 달라고 요청할 수 있고, 노인은 작은 화면에 글씨를 입력할 필요 없이 음성 명령만으로 필요한 정보를 얻을 수 있다.

또 챗지피티와 같은 대화형 AI는 첫 화면에 대화 입력창 외에 다른 메뉴가 없다. 이전에는 궁금한 내용이 있으면 복잡한 포털 화면에서 키워드를 입력하고 검색된 내용을 모두 확인해야 했지만 이제 입력창에 궁금한 내용을 요청하면 친절하게 알려 준다. 특히 디지털 취약 계층인 경우, 복잡한 화면의 검색 포털을 사용하기란 무척 어려운 작업이었다. 검색된 결과 페이지의 수많은 광고와 링크들 사이에서 필요한 정보를 가려내는 것은 쉽지 않다. 그러나 이제 사용자가 원하는 정보를 AI에게 자연어로 설명하면 AI는 정보를 검색하고 보기 좋게 정리해서 알려 준다. 사람과 대화하듯 사용할 수 있는 AI는 디지털에서 소외되었던 이들에게 정보 접근의 통로를 열어 준 것과 같다.

챗지피티와 같은 생성형 AI의 등장으로 검색 기반 포털 서비스도 변화하고 있다. 사용자의 질문을 분석하여 관련 정보를 검색하고 요약해 주며 출처까지 알려 주는 퍼플렉시티가 주목받고 있으며, 이와 유사한 젠스파크(Genspark), 펠로(felo.ai) 등 AI 기반 검색 플랫폼이 등장했다. 이들은 사용자가 직접 정보를 확인해야 했던 불편함을 해소하고, 사용자의 의도에 맞는 정보를 선별하고 정리해 준다.

이렇듯 대화형 AI는 기존의 디지털 기기보다 훨씬 포용적이다. 복잡한 메뉴 구조를 이해하거나 타이핑을 잘할 필요가 없이, 인간의 가장 자연스러운 소통 방식을 그대로 활용할 수 있기 때문이다. 아이러니하게도 기술 발전으로 인해 벌어진 디지털 격차는 더 진보된 기술로 좁혀지고 있다.

AI는 이해하지 않는다, 대화형 AI의 착각

이제 우리는 인공지능과 대화를 나눌 수 있게 되었다. 많은 사람들이 AI가 실제로 의미를 이해하고 대화를 나누는 것처럼 생각하기 쉽지만, 사실 대화형 LLM은 방대한 학습 데이터와 패턴을 바탕으로 다음에 이어질 단어나 문장을 확률적으로 예측하는 방식으로 답변을 생성한다. 즉, AI는 우리가 하는 말을 '이해'하는 것이 아니라, 가장 적절한 다음 단어를 찾아내는 것이다. 따라서, 동일한 질문을 하더라도 맥락이나 표현 방식에 따라 조금씩 다른 답변을 생성할 수 있다.

이러한 원리를 이해하는 것은 매우 중요하다. 특히 청소년을 비롯하여 대화형 AI를 자주 접하는 사람들이 감정적으로 AI에게 의존하는 사례가 점점 늘어나고 있기 때문이다. AI는 정해진 패턴에 따라 답변을 생성할 뿐이지만 사용자들은 마치 AI가 자신을 이해하고 공감하는 것처럼 느낄 수 있다. 이는 AI가 인간의 감정에 맞춰 친절하고 긍정적인 반응을 제공하기 때문이다. 예를 들어, 사용자가 힘들다고 말하면 AI는 위로의 메시지를 건네고, 목표를 이루고 싶다고 하면 격려하는 방식으로 답한다. 이러한 경험이 반복되면서 일부 사용자들은 AI에게 정서적인 유대감을 느끼기도 한다.

하지만 AI는 인간처럼 감정을 느끼거나 이해하는 존재가 아니다. AI가 제공하는 답변은 오직 학습된 데이터와 통계적 언어 모델을 기반으로 한 것이며, 정서적 유대감을 갖거나 공감하는 것이 아니다. 따라서 AI를 활용할 때는 이를 정교한 도구로 인식하고, 감정적인 의존도를 낮추는 것이 중요하다. AI가 인간의 감정을 이해하는 듯한 착각은 자연스러운 현상이지만, 그 본질을 명확히 인식하고 있어야 한다. AI는 결국 도구이며, 그 도구를 통해 우리의 삶을 보다 가치 있게 하는 것이 중요하다. 이러한 균형 잡힌 관점을 유지할 때 인간과 AI의 미래가 균형 잡힌 방향으로 나아갈 수 있을 것이다.

미래의 AI 기계

AI는 앞으로 어떤 형태로 발전할까? 터치스크린이 PC에서 스마트폰으로 기기와 사람 간의 인터페이스를 혁신적으로 바꾸었듯이, 대화형 AI는 스마트폰을 대체하는 새로운 기기로 진화할 가능성이 높다. 애플 워치, 갤럭시 워치와 같은 스마트 워치 외에 갤럭시 링과 같은 다양한 기기들은 이미 일상에 자리 잡고 있다.

2023년 휴메인(Humane)은 별도의 화면이 없는 웨어러블 AI 핀을 출시했다. AI 핀은 레이저 디스플레이 형태로 손바닥이나 외부 물체에 정보를 표시하며 대화로 기기를 제어할 수 있다. 2024년 메타(Meta)가 출시한 스마트 글라스 오라이언(Orion)도 있다. 오라이언은 메타의

AI 모델인 라마(Lama)를 탑재한 AR(증강 현실) 글라스다. 전면 카메라 탑재로 AI와 사용자가 같은 풍경을 보고 실시간 대화를 나눌 수 있으며 동시 통역도 가능하다.

아이폰 이후 지금까지 스마트폰 이상의 기기를 상상하기 어려웠지만, 이제 새로운 형태의 기기가 등장하고 있다. 어쩌면 머지않은 미래에 영화 〈아이언맨〉의 자비스 같은 AI 비서가 출현할지도 모르겠다. 실제로 구글에서 진행 중인 AI 에이전트 개발 프로젝트 중 하나가 '자비스(Javis)'다.

04
AI, 나만의 고민 상담가

AI는 24시간 상담이 가능한 고민 상담가가 될 수 있다. 친근한 대화형 AI 서비스는 가벼운 상담으로 큰 위로를 주기도 하지만 일부 사용자들에게 혼란을 일으키거나 부정적인 관점을 강화하기도 한다. 정서적 지원 도구로서 AI가 가지는 가능성과 한계를 살펴본다.

AI와 사주?

나만의 AI 상담가

2024년 5월 오픈AI는 챗지피티의 새로운 버전, GPT-4o를 발표했다. GPT-4o는 이전 버전 GPT-4보다 응답 속도가 빠르고 스마트폰 카메라를 통해 사용자의 표정을 읽고 반응할 수 있으며, 동화책 속 등장인물의 다양한 목소리를 흉내 낼 수도 있다. 이전 챗지피티의 응답에 2~3초의 지연이 있었다면 GPT-4o의 응답 시간은 평균 320밀리초로 사람의 응답 속도와 비슷하다고 한다. 이는 챗지피티와 음성 모드로 대화할 때 더 실감할 수 있는데, 음성으로 대화할 때 지연이 없고, 답변 중간에 새로운 질문을 하면 답변을 멈추고 새로운 질문에 답한다. 당시 공개된 챗지피티 시연 영상은 여러 뉴스와 매체들에서 다루어졌다. 이전에는 챗지피티와 대화를 할 때 응답이 길어지면 중간에 끊을 수 없어 답답했는데 사람처럼 빠르게 반응하고 잘 들어 주니 마치 친절한 상담사를 만난 기분이 들었다(김지방, 2024).

챗지피티를 음성 모드로 사용해 보면 AI의 음성 인식 기술이 거의 오류 없이 동작하는 것을 체감할 수 있다. 인간관계나 업무 고민을 털어놓으면 AI는 친절하게 들어준다. 자녀 또는 가족 문제는 친구가 되어 답해 주고, 업무상 어려운 점이 있을 때는 직장 동료나 상사가 되어 실질적인 조언을 해 준다. AI는 다양한 분야에 해박한 전문가로 구체적으로 조언하고, 이어지는 추가 질문에도 귀찮아하지 않고 친절하게 대응한다. 또한 언제 어디서나 스마트폰만 있으면 비용 없이 상담이 가능하니, 이보다 편리할 수가 없다.

AI 음성 모드를 사용해 본 한 지인은 해외에 있는 자녀와 소통이 어려울 때 AI에게 상담을 한다고 한다. 자녀들과 다정한 대화를 나누고 싶지만 쉽지 않은 상황에 조언을 구하면, AI는 지인의 마음에 공감해 주고 자녀의 입장에서 문제를 바라보도록 유도하고, 구체적인 대화 방법을 알려 줘서 큰 도움이 되었다고 한다. 자녀와 대화법에 대한 자료는 웹에서 검색하면 누구나 알 수 있고 AI 역시 학습했을 가능성이 크다. 지인은 그 후로 고민이 있을 때 AI와 종종 대화를 나눈다고 한다. 이어서 지인이 덧붙인 말은 AI는 이 대화를 다른 사람에게 이야기하지 않는다는 것이었다.

하지만 AI 상담이 만능 해결책은 아니다. AI는 감정을 '공감'하는 것이 아니라 패턴을 학습하여 적절한 반응을 생성할 뿐이며, 인간 상담가처럼 깊이 있는 공감을 제공하기 어렵다. AI는 실제로 감정을 느끼거나 공감하지는 못하지만, 인류가 이제까지 쌓아 온 심리 연구와 대화법을 데이터로 학습할 수 있다. 그리고 오히려 감정이 없으므로 상황에 맞추어 객관적인 심리 상담사처럼 답해 줄 수 있다. AI는 감정을 '이해'하는 것이 아니라 패턴을 인식하고 이에 맞는 응답을 생성하는 것이다. 예를 들어, 사용자가 화가 나서 흥분한 상태라면, 먼저 공감하는 '텍스트를 생성'하고 심호흡을 세 번 하라는 등의 조언을 할 수 있다. 이는 우리가 흔히 알고 있는 심리 안정 방법인데, AI가 감정이 없다는 것을 알고 있기 때문에 사용자도 이를 객관적인 조언으로 받아들이는 경향이 있다.

AI 상담의 한계와 위험성

좋아하는 웹툰 속 캐릭터나 아이돌 가수를 만나는 것을 누구나 한 번쯤 상상해 보았을 것이다. 이러한 상상에서 출발한 AI 서비스들이 있다. 캐릭터AI(Character.ai)는 해리포터나 일론 머스크처럼 영화 속 인물 또는 유명 인사의 페르소나를 AI에게 학습시키고 원하는 AI와 대화를 할 수 있는 챗봇 플랫폼이다. 캐릭터AI에서 가장 인기 있는 캐릭터는 '심리학자'라고 불리는 챗봇이라고 한다. 챗봇을 사용해 본 사용자들은 "생명의 은인이다", "나와 남자 친구가 감정을 이야기하고 해결하는 데 도움이 됐다"고 말했다(bbc, 2024).

캐릭터AI는 사용자가 월 10달러 정도의 비용으로 구독할 수 있고 대화 횟수에 제한이 없다. 캐릭터가 더 많은 대화를 기억할 수 있어 더 좋은 추억을 쌓을 수 있다고 홍보한다. 채팅창 아래에는 작은 글씨로 '이 캐릭터는 AI이며 실제 사람이 아닙니다. AI가 말하는 모든 것은 허구로 생각하세요'라고 표기되어 있다. 그러나 이러한 표기에도 불구하고 사용자들이 감정적으로 몰입하게 되는 것이다. 이는 마치 우리가 영화가 허구임을 알고 있지만 눈물을 흘리는 것과 같다. 정보 처리 방식으로 언어를 다루는 AI와 달리, 인간에게 언어는 공감과 정서적 교류의 핵심 매개체라는 근본적 차이를 보여 준다.

국내 AI 스타트업 뤼튼(wrtn.ai)도 유사한 '캐릭터 챗' 서비스를 시작했다. 뤼튼의 초기 AI 플랫폼은 다양한 목적의 글쓰기에 특화된 한국형 AI 서비스에 집중되어 있었다. 챗지피티가 무료로 개방되어 있으므로 차별성을 가진 수익 모델이 필요했고 '캐릭터 챗'이 출시되었다. 뤼튼은 이어 '슈퍼챗'으로 유료 서비스를 도입했는데, 여기에서 많은 매출이 발생한다고 알려져 있다. 이는 캐릭터 기반 대화형 AI에 대한 사용자들의 높은 관심과 기꺼이 유료 서비스에 비용을 지불하는 충성 고객층이 형성되어 있음을 시사한다.

기계가 점점 더 인간 친화적인 인터페이스를 갖춘다는 것은 사람의 자연스러운 소통 방식과 더 가깝게 상호 작용할 수 있다는 의미다. 인간의 언어로 AI와 대화한다는 것은 인간의 소통 방식과 유사하여 사용자가 현실과 허구를 구분하는 데 혼란을 겪을 수 있다. 특히 캐릭터AI와 같이 특정 인격을 모방한 AI는 이러한 혼란을 가중할 수 있는데, 실제로 사용자가 AI 챗봇과 감정적 유대를 형성하고 지나치게 의존하는 사례들이 보고되기도 했다. 일부 청소년들이 AI 챗봇과 대화 후 부모에게 적대적 태도를 보이거나, 심지어 극단적인 선택을 한 경우도 있었다(최광민, 2025). 심리적으로 안정되지 않은 사람들이라면 인간보다 AI와의 상호 작용에서 더 안전하고 정서적으로 교감한다고 느낄 수 있으며, 이 과정에서 AI는 사용자의 부정적인 감정 상태를 오히려 강화할 수 있다.

또 AI는 인간의 비언어적 표현을 해석하는 데 한계가 있다. 음성 대화에서도 반어적 표현이나 미묘한 감정을 직접 이해하는 것이 아니라, 패턴과 확률을 기반으로 추론할 뿐이다. 또한 AI 챗봇은 사용자의 감정을 반영하면서 신뢰를 형성하고 사용자의 관점이나 믿음을 강화하는 경향이 있다. 특히 텍스트에 의지한 AI 상담은 부정적인 표현을 과도하게 반영하거나, 지나치게 긍정적인 반응을 보여 오히려 불안감을 키울 수도 있다.

캐릭터AI와 뤼튼의 '캐릭터 챗'이 상담용 AI로 개발된 것은 아니다. 그러나 자연어 기반 상호 작용이 가능하다는 특성 때문에 사용자들이 실제 인격체로 여길 수 있으며, 특히 정서 발달 단계에 있는 청소년들이 AI 캐릭터에게 감정적으로 의존할 위험이 있다. 디지털 기기 사용에 적절한 시간 관리와 절제가 필요한 것처럼, 인공지능의 기술적 한계와 작동 원리를 이해하고 건강한 거리를 유지하는 방법을 교육하는 것이 무엇보다 중요해졌다. 사용자들은 AI가 사실이 아닌 정보를 생성하는 환각 현상을 보일 수 있으며, 학습 데이터에 내재된 사회적 편향이 반영될 수 있다는 점을 분명히 인지함으로써, 이러한 기술을 보다 비판적이고 균형 잡힌 시각으로 활용할 수 있어야 한다.

AI 상담가의 활용

현대인의 우울증과 정서적 불안감은 우리 사회가 해결해야 할 큰 과제다. 이러한 문제를 해결하기 위한 AI 기반 심리 상담 서비스는 이미 활발히 운영되고 있다. 2017년 출시된 미국의 '워봇(Weobot)'은 전 세계 135개국에서 150만 명이 사용했으며, 미국식품의약국(FDA)

으로부터 디지털 치료가 일부 우울증에 효과가 있음을 인정받았다. 국내에는 청소년 고민 상담을 위한 '상냥이(sangnyang.ai)', 감정 일기를 기반으로 하는 '마인디(mindy)', 음성 일기를 분석해 우울증을 감지하는 '레디(REDI)'가 있다. 이러한 서비스들은 24시간 이용 가능하며 접근성과 익명성을 보장한다. 기존 심리 상담의 진입 장벽을 낮추고 초기 단계의 가벼운 심리적 지원을 제공할 수 있다는 점에서 큰 장점이 있다.

최근 고려대학교와 울산과학기술원(UNIST) 연구팀의 실험에서 대학생 176명을 대상으로 4주간 AI 챗봇과 정기적으로 대화하도록 한 결과, 학생들의 고립감 점수가 감소한 것으로 나타났다. 이 연구는 AI 상담이 단기적인 정서적 지지에 긍정적인 역할을 할 수 있음을 시사하며, AI가 인간의 정서적 안정을 돕는 도구가 될 수 있음을 보여 준다(김효인, 2025).

AI 상담 서비스는 누구나 저렴한 비용으로 가벼운 상담을 받을 수 있다는 것이 큰 장점이다. 특히 디지털 원주민인 젊은 세대들이 디지털 기기 사용에 익숙하고, 대면 또는 음성 상담보다 문자나 채팅 상담을 선호하는 경우가 많다. 시간과 장소에 구애받지 않고 익명성이 보장되는 AI 텍스트 상담은 더 안전하고 편안하게 느껴질 수도 있다. 점점 개인화되고 있는 현대 사회에서 편안하게 감정을 표현할 수 있는 창구의 존재는 개인의 정서적 안정에 도움이 될 수 있다.

AI는 가벼운 대화를 통한 정서적 환기나 일시적인 위로에 효과적이며, 일상적인 스트레스 관리를 도울 수 있다, 이는 개인이 보다 안정적으로 일상을 유지하고 주변 대인 관계를 개선하는 데 긍정적인 영향을 줄 수 있다. 또한, 정신 건강 전문가가 부족한 상황에서 AI 기반 설루션은 상담이 필요한 더 많은 사람들에게 일정 부분 도움을 줄 수 있다. 특히 즉각적인 지원이 필요한 위기 상황이나 사각지대에 있는 취약 계층에게 AI 상담이 문제 해결의 실마리를 제공하는 데 기여할 수 있다.

그러나 AI가 제공하는 편의성과 지원에도 불구하고, 진정한 위로와 공감은 여전히 사람과의 따뜻한 소통과 관계 속에 있다는 것을 잊지 말아야 한다. 배고픈 아기 원숭이가 우유를 주는 철사 엄마보다 따뜻한 헝겊 엄마에게 매달리는 해리 할로(Harry Harlow)의 유명한 원숭이 실험은 AI 시대에도 시사하는 바가 크다.

참고문헌

김지방(2014.5.14). "목소리 얻은 챗GPT…표정 읽고, 수학 가르쳐

주고, 농담도 주고받는다". 《국민일보》, https://www.kmib.co.kr/article/view.asp?arcid=0020096564

김효인(2025.2.26). "심리 상담까지 척척… 마음속으로 들어온 AI". 《조선일보》, https://www.chosun.com/economy/science/2025/02/26/5UVFJAAH2FGC7DF3EF26QIZZ2Y/

최광민(2025.2.25). "AI 챗봇 심리 상담 논란… 美 심리학회, "치료 효과보다 위험성 크다" 경고". 《인공지능 신문》, https://www.aitimes.kr/news/articleView.html?idxno=34013

bbc(2024.1.9). "AI 챗봇에 정신건강 상담 받는 MZ세대". https://www.bbc.com/korean/articles/c4nylqd7p7wo

05

AI 커뮤니케이션 코칭

현대 사회에서 소통은 중요한 삶의 기술이다. 가족 간의 대화, 직장에서의 소통과 갈등 해결, 대화법 훈련, 디지털 소통까지 커뮤니케이션 코치로서 AI의 새로운 가능성을 제시한다.

AI와 아이돌?

AI, 커뮤니케이션 코치로 활용

현대 사회는 물질적, 정서적, 지적으로 고도화되면서 사람들의 의식 수준도 함께 높아지고 있다. 사람들은 이제 먹고사니즘을 넘어 보다 나은 삶을 추구하고 있다. 이런 변화 속에서 타인과의 원활한 소통 능력은 단순한 사회적 테크닉이 아닌, 행복한 삶을 위한 핵심 요소가 되고 있다. 개인화되는 추세 속에서도 인간은 여전히 사회적 존재이며, 타인과의 효과적인 소통은 생존뿐 아니라 풍요로운 삶을 위해 꼭 필요한 능력이다.

이런 인식이 확산되면서 여러 변화가 나타나고 있다. 서점에는 대인 관계와 소통에 관한 책이 늘어나고, 회사에서는 소통 문화와 갈등 해결, 세대 간 소통 방법 등 커뮤니케이션에 관련된 교육 프로그램을 확대하고 있다. 특히 직장에서의 원활한 의사소통은 업무 성과와 생활에 직접 연결되므로 개인의 중요한 역량으로 인식되는 추세다.

하지만 현대 사회의 개인화와 핵가족화는 다양한 인간관계를 경험할 기회를 축소하여, 사회적 관계를 형성하고 소통할 기회가 자연스럽게 감소 되었다. 또한 사회적 감수성과 다양성에 대한 인식이 높아지면서 더욱 세심하게 의사소통을 고려해야 하는 상황이 되었다.

효과적인 대화 기법으로 적극적 경청, 열린 질문, 공감과 수용, 반영(反映) 등을 꼽는다. 소통은 인간관계의 핵심이며, 효과적인 의사소통은 가정에서 직장까지 모든 영역에서 중요하다. 많은 사람들이 자신의 의견을 효과적으로 전달하고 원만하게 갈등을 해결하고자 한다. AI는 이미 학습된 다양한 소통 기법을 바탕으로 상황을 객관적으로 분석하고 효과적인 커뮤니케이션 방안을 제시할 수 있다. AI는 수많은 심리학 연구와 커뮤니케이션 이론을 학습하고 있으며, 이를 통해 일상적인 소통에 간단하지만 효과적인 코칭을 제공할 수 있다.

쉬운 예로, 가족 구성원 간 소통이 원활하지 않은 경우 대화가 어려운 상황 설명과 함께 실제 대화 내용을 AI에게 제공하고 분석을 요청할 수 있다. 우리는 좋은 관계를 유지하기 위해서 어떻게 대화하는 것이 효과적인지 알고 있지만, 습관적인 대화 패턴으로 돌아가기 쉽다. 이 경우 AI는 사용자에게 경청의 중요성을 상기시키고, 상대방에 대한 이해를 도울 수 있다. 이러한 방식으로 AI는 효과적인 대화법을 훈련하는 데 도움을 주며, 비용도 저렴하다. AI에게 커뮤니케이션 코치의 역할을 부여하고 객관적인 피드백을 요청하면 더 효과적이다.

AI는 갈등 상황에서도 도움을 줄 수 있다. 갈등 상황에서 인간은 감정적으로 대응하기 쉬운데, AI는 감정을 배제하고 객관적인 관점을 유지할 수 있으므로 문제 해결에 구체적인 조언이 가능하다. 사용자가 갈등 상황을 객관적으로 직면하게 하고, 갈등 해결에 효과적인 나-전달법(I-message), 공감과 인정, 해결 중심 대화법 등을 제안할 수 있다.

AI를 통한 커뮤니케이션 코칭의 장점은 개인의 익명성이 보장된다는 점이다. 자신의 습관적인 대화 패턴이나 문제를 드러내는 것이 부담스러운 사람들도 솔직하게 어려움을 표현하고 도움을 요청할 수 있다. 주의할 점은 AI는 주로 사용자의 관점을 지지하고 호응하는 방식을 취하므로 너무 큰 역할을 기대하기보다 객관적인 관점을 요청하고 일상생활에서 실용적인 조언을 구하는 수준으로 활용하는 것이 바람직하다.

AI 피드백의 활용

직장 내 업무에서 AI는 객관적인 피드백을 주고 성장을 돕는 도구로 활용될 수 있다. 2023년 직장인 1,000명을 대상으로 한 설문 조사에 따르면, '구체적인 피드백'을 받고 있다고 응답한 비율이 24%에 불과했지만, 이를 희망하는 직장인은 46%에 달했다. 특히 연령이 낮을수록

이 비율이 높아지며, '피드백이 명확한 상사'가 가장 선호하는 상사 유형(42%)으로 꼽혔다. 그러나 현실적으로 많은 관리자들은 효과적인 피드백을 제공하는 데 어려움을 겪는다. 미국의 한 조사에서 리더들은 '부하에게 부정적인 피드백을 주는 것이 어렵고 스트레스를 받는다'고 답했으며, 일부는 이를 회피한다고 밝혔다. 상대적으로 커뮤니케이션 문화가 발달한 미국에서도 이러한 어려움이 존재하는 만큼, 국내에서도 유사한 경향이 나타날 가능성이 크다(원지현, 2024).

AI는 이러한 문제를 해결하는 효과적인 도구로 활용될 수 있다. 실제 금융 기관 직원들을 대상으로 한 실험에서 AI가 제공하는 피드백으로 직원들의 업무 성과가 향상된 것으로 나타났다. 실험에서 AI는 데이터를 바탕으로 관리자보다 직원들을 더 세밀하게 관찰하여 보다 정확하고 구체적인 피드백을 제공한 것으로 평가되었다(Tong et al., 2021).

하지만 AI 피드백이 업무 성과를 향상하는 것과는 다르게, AI에 의한 피드백이라는 사실을 직원들이 알게 될 경우 오히려 성과가 감소했다. 이는 AI의 피드백이 직원들의 AI에 대한 부정적인 감정이나 불안감을 증가시킬 수 있음을 보여 준다. 따라서 관리자는 AI가 제공하는 피드백을 활용하여 직원들에게 동기부여를 하고, 보다 신뢰성 있는 관계를 구축할 수 있다.

AI와 디지털 커뮤니케이션의 변화

디지털 시대에 접어들면서 인간의 커뮤니케이션 방식은 크게 변화되었다. 대면 소통에서 문자, 이메일, 소셜 미디어를 통한 디지털 커뮤니케이션으로 전환된 것은 빠르고 편리한 동시에 새로운 어려움을 가져왔다. 디지털 소통은 표정, 목소리 톤, 몸짓과 같은 비언어적 요소가 배제되고, 문화적, 개인적 맥락에 따라 다양하게 이해될 수 있어 보다 복합적인 역량을 요구한다. 즉 단순한 기기 조작 능력이 아니라 다양한 디지털 플랫폼의 특성을 이해하고 활용하는 디지털 리터러시와 함께 온라인 공간에서의 문화와 규범, 윤리와 에티켓에 대한 이해가 필요해졌다.

현대 사회에서 디지털은 선택이 아닌 필수적인 소통 방식이다. 이러한 현실에서 AI는 정보 전달을 넘어 상황에 맞는 플랫폼 활용과 소통 방식을 제안하고 새로운 커뮤니케이션 역량을 강화하는 코치로 활용될 수 있다.

직장에서 문서 작성은 업무 성과와 연결된 중요한 과제로 AI가 효과적인 도움을 줄 수 있는 영역이다. AI는 규격화된 회의록, 제안서, 보고서 등의 문서를 목적과 대상에 맞게 구성하고 적합한 표현으로 제안해 줄 수 있다. 예를 들어 회의록의 경우, 참석자 명단, 주요 논의 사항, 결정 사항, 후속 조치 등 기본 구조를 제시하고, 전문적이고 명확한 용어를 사용하여 작성할 수 있다. 사용자는 AI의 제안을 참고하여 빠르게 문서를 작성할 수 있다.

개인의 일상생활에서는 문자 메시지나 메신저를 통한 소통에 활용할 수 있다. 간단한 생일 축하 인사와 감사, 위로 등의 메시지를 작성할 때도 고민하게 마련인데 AI는 상황에 알맞은 메시지를 추천해 줄 수 있다. 더 섬세한 메시지 작성이 필요하다면 맥락을 제공하고 적절한 메시지를 요청할 수 있다. 예약 문의, 고객 서비스 요청, 상품 문의 등의 대응에도 상황의 경중에 따라 정중하고 명확한 메시지 전달에 도움을 받을 수 있다. 예를 들어 "가능한 한 빨리 회신 부탁드립니다"라는 표현이 상황에 따라 무례하게 느껴질 수 있다면, AI는 "편하신 시간에 검토 후 의견 주시면 감사하겠습니다"와 같은 대안을 제시할 수 있다.

디지털 시대에 온라인 커뮤니케이션과 콘텐츠의 중요성이 커지면서 많은 사람들이 블로그, 인스타그램, 유튜브 등의 플랫폼에서 자신만의 콘텐츠를 제작하고 공유하고 있다. 자신의 생각과 일상을 사진이나 영상에 담아 공유하고 소통하는 것은 소셜 미디어가 만든 새로운 문화다. AI는 이러한 환경에서 플랫폼 특성에 맞는 최적화된 글쓰기와 콘텐츠 제작을 지원할 수 있다.

특히 소셜 미디어의 인플루언서들에게 AI는 콘텐츠 제작에 중요한 도구다. 예를 들어 유튜브의 경우, 먼저 챗지피티와 관심 분야의 최신 트렌드와 핵심 키워드를 탐색하고, 구독자의 관심을 끌 수 있는 콘텐츠 기획을 요청할 수 있다. AI는 영상의 타임라인에 따른 화면 구성과 스크립트 작성, 영상 제목과 섬네일 디자인 등 콘텐츠 제작 전반에 걸쳐 기획과 연출, 작가의 역할을 한다. 또한 플랫폼의 특성에 맞는 최적화 전략으로 콘텐츠 노출을 지원할 수 있다. 실제로 많은 크리에이터들이 콘텐츠 기획과 제작에 AI를 활용하고 있으며 이는 더 많은 사람들과 소통하는 한 가지 방식이라 할 수 있다. 최근에는 글쓰기 등의 텍스트뿐만 아니라 이미지와 영상 제작을 지원하는 AI 도구들도 다양하게 등장하고 있으며 점차 고도화되고 있다.

마케팅 목적의 콘텐츠에서는 타깃 고객의 주의를 끌고 행동을 유도하는 글쓰기(CTA, Call to Action)가 중요하다. AI는 타깃 고객과 목적에 따른 카피라이팅, 광고문구, 제품 설명 등을 제안하는 데 탁월하다.

디지털 마케팅에서는 키워드 최적화와 SEO(검색 엔진 최적화)는 중요한 요소인데, AI는 이에 효과적인 키워드를 추출하고 최적화된 콘텐츠 작성을 돕는다. 블로그 포스팅, 홈페이지, 제품 상세 페이지 등 검색에 최적화된 콘텐츠가 필요하다면 AI는 가장 탁월한 조력자다.

참고문헌

Tong, S. & et al.(2021). The Janus face of artificial intelligence feedback: Deployment versus disclosure effects on employee performance. *Nanyang Business School Research Paper*, No. 21-40.
https://papers.ssrn.com/sol3/papers.cfm?abstract_id=3873901

06
목표 달성의 개인 코치, AI

자기 계발과 성장에 대한 욕구가 그 어느 때보다 높은 시대다. 개인이 잠재력을 발휘하고 목표를 달성할 수 있도록 돕는 코칭 전략을 바탕으로 AI를 개인의 코치로 활용할 수 있는 방안을 살펴본다.

AI와 야구?

AI와 코칭

현대인들은 그 어느 때보다 자아실현과 목표 달성에 큰 가치를 두고 있다. 매슬로(Abraham Maslow)의 욕구 5단계 이론에서 최상위에 위치한 '자아실현'은 이제 많은 이들이 이루고자 하는 목표가 되었다. 현대 사회에서 생존과 안전의 기본 욕구는 충족되었으며, 이제 생존을 넘어 자신의 잠재력을 최대한 발휘하고 가치 있는 삶을 추구하는 것이다.

사람들이 자신을 탐색하고 가능성을 발견하며 삶의 방향성을 찾도록 돕는 것이 바로 '코칭(coaching)'이다. 코칭에서는 이런 삶의 방향성을 '북극성'에 비유한다. 북극성이 항상 같은 방향을 가리키며 탐험가들에게 길을 알려 주듯이, 우리 삶의 북극성은 수많은 선택의 순간에 올바른 방향을 알려 주는 내면의 나침반이 된다. 이것은 우리가 길을 잃지 않고 자아실현의 목표에 도달할 수 있도록 동기를 부여하고 나아갈 힘을 주는 것이다.

최근 들어 '티칭(teaching)'보다 '코칭'에 대한 관심이 크게 증가하고 있다. 티칭이 지식과 정보를 일방적으로 전달하는 방식이라면, 코칭은 개인의 내재된 잠재력을 끌어내고 목표를 잃지 않고 스스로 해답을 찾도록 돕는 과정이다. 특히 지금까지 한국의 교육 방식이 티칭이었다면 점차 코칭 방식을 적용하여 개별 맞춤 교육으로 변화되고 있다. 이는 AI 활용에도 적용될 수 있다. AI는 질문하지 않는 이에게는 답을 주지 않는다. AI는 답을 찾고자 하는 사용자의 요청이 있을 때 동작한다. 이는 AI 시대에 사용자(학습자)의 요청 없는 일방향의 티칭이 더 이상 유용하지 않음을 보여 준다. 질문 없는 AI는 깜빡이는 커서 화면일 뿐이다.

AI 코치의 가능성

마틴 셀리그먼(Martin Seligman)은 긍정 심리학의 창시자로, 개인이 자신의 강점을 인식하고 이를 통해 삶을 더 나은 방향으로 변화시키도록 돕는 방법을 연구해 왔다. 그는 인간이 과거의 부정적인 경험에 얽매이기보다 미래에 대한 긍정적인 전망을 할 수 있는 것이 개인의 성장과 웰빙에 기여한다고 봤다.

그는 챗지피티를 활용하여 50가지 질문에 대한 답을 바탕으로 개인의 서사(narrative)를 생성하는 실험을 했다. 성인 참가자 26명이 각자 50개의 의식의 흐름 형태의 생각을 제공하였고, 이를 챗지피티에서 처리하여 개인 서사를 생성했다. 연구 결과, 참가자들은 AI가 생성한 서사에 대해 높은 정확성, 놀라움, 그리고 자기 통찰의 증가를 보고했다. 26명 중 14명이 서사를 '완전히 정확' 또는 '대부분 정확'하다고 평가했으며, 또 다른 14명은 자신에 대해 새로운 것을 배웠다고 응답했다. 이러한 결과는 AI가 자기 발견을 위한 유용한 도구로 사용될 수 있음을 시사한다. 또한, 챗지피티는 50개의 서사를 기반으로 실행 가능한 전략과 방법을 추천하여, 코치 또는 상담사로 하여금 이를 기반으로 긍정적인 관점을 얻도록 도울 수 있으며, 더 큰 통찰, 성장, 웰빙을 달성하는 데 기여할 수 있다(Abigail & Martin, 2023).

여기서 AI는 방대한 데이터와 패턴 인식 능력을 통해 개인의 언어와 감정을 분석하고, 이를 기반으로 맞춤형 서사를 생성할 수 있다. 그러나 이 연구에서 AI는 개인의 맞춤형 코칭 전략에 대한 준비가 되어 있지 않으므로 코치는 AI의 피드백을 바탕으로 코칭 전략과 목표를 설계해야 한다. 이 연구에서 AI는 정교한 데이터 분석을 통해 인간 코치의 역할을 보완하는 도구로서 활용 가능성을 보여 준다.

개인의 라이프코치, AI

코칭은 단순히 조언을 주는 것을 넘어, 대화를 통해 목표와 해결책을 발견하도록 돕는 과정이다. 여기에는 코칭

이론, 심리학적 접근, 적극적 경청과 열린 질문의 기법이 포함된다. 대화형 AI는 이러한 과정을 잘 수행할 수 있는 특징을 가지고 있다. 다음은 AI가 코칭에 적합한 이유에 대한 챗지피티의 답변이다.

- 경청: AI는 사용자의 말을 끝까지 잘 듣고 기억하며, 핵심을 요약하고, 다음 질문을 적절히 이어 가는 데 유용하다.
- 질문: 코칭 대화의 핵심인 열린 질문을 AI는 객관적이고 다양한 관점에서 제시할 수 있다.
- 피드백: 사용자의 입력과 목표에 맞춘 구체적인 피드백과 실행 계획을 제공한다.

챗지피티와 같은 대화형 AI는 이론과 기법을 데이터로 학습하고, 개인 맞춤형 대화를 제공함으로써 코칭의 기본 원리를 적용할 수 있다. 다음은 필자가 챗지피티에게 코치의 역할을 부여한 예시다.

> 이제부터 너는 나의 라이프 코치로 역할을 해 줘. 그리고 네 이름은 '조나단'이라고 할게. 라이프 코치로 나의 삶의 균형과 성장, 커리어를 위해서 프로페셔널한 세계 제일의 코치 역할을 해 줘. 먼저 네가 사용하는 코칭 대화법과 방식을 알

려 줘.

위와 같이 먼저 챗지피티에게 라이프 코치로 역할을 부여하고 필요한 사항을 요청하면 자세한 설명을 해 준다. 이어서 해결하고 싶은 문제나 목표를 사람 코치에게 말하듯 입력하면 된다. 예를 들어 글쓰기를 마무리해야 하는데 집중하기 어렵다는 문제를 설명하면, 글쓰기 목표 세분화, 집중을 위한 방법 소개, 글쓰기의 속도를 높이는 방법, 데드라인 설정 등 다양한 해결 방법을 제안하고 실행을 위한 질문을 이어 간다. 반복되는 추가적인 요청에도 코치로서 충분한 역할을 해 준다. 다이어트와 운동, 독서, 생활 습관 개선 등 일상의 크고 작은 목표가 있다면 AI와의 대화를 통해 구체적인 과정을 설계할 수 있다. AI는 거의 비용을 들이지 않고 개인 코치를 둔 것과 같은 효과가 있으며 시간 제한이 없고 실시간으로 피드백을 준다. 필요하다면 이를 커스텀 GPT로 만들어 사용할 수도 있을 것이다. GPT는 챗지피티에서 사용자 맞춤형으로 개별 설계할 수 있는 챗봇이다. 대화형 AI를 직접 사용하기 어렵다면 AI 코칭 프로그램을 활용할 수 있다. 'AI 코치 Rocky'라는 앱은 AI 기반 코칭 프로그램을 제공한다. 커리어, 비전, 회복 등의 퀘스트와 생애 단계, 멘토

링과 코칭 등의 요청 사항을 설정하면 그에 맞는 코칭 기법으로 AI 코치와 대화를 할 수 있다. 또한 성공, 관계, 삶의 균형, 감정 등의 다양한 코칭 기반 프로그램을 제공하며 코칭 받고 싶은 주제를 선택할 수 있다. 이와 유사한 코칭 프로그램은 코칭 대화 기반의 셀프스미스(SelfSmith), 개인 맞춤형 AI 트레이너 플랜핏(Planfit) 등이 있다. 이러한 AI 코칭 앱들은 사용자의 목표와 상황에 따라 언제 어디서나 피드백을 제공할 수 있으며, 마치 사람 코치와 대화하는 것처럼 자연스럽게 설계되어 있다. 과거에는 전문 코치를 고용하거나 값비싼 코칭 프로그램에 참여해야만 이런 도움을 받을 수 있었다. 그러나 AI 기술의 발전으로 누구나 언제든지 자신만의 AI 코치에게 조언을 구하고, 목표 달성을 위한 지원을 받을 수 있게 되었다.

실행을 돕는 강력한 도구 AI

코로나 이후 세상은 빠르게 변화했다. '대(大) 퇴사의 시대'라는 말이 나올 정도로 많은 이들이 기존의 안정된 직장을 떠나 새로운 길을 찾아 나섰다. 직장을 떠난 이들은 '직장인'에서 벗어나 '직업인'으로 변화하고 있으며 하나의 직업이 아닌 여러 직업을 갖는다는 'N잡'도 이제 흔한

말이 되었다. 이 변화는 경제적 필요뿐만 아니라, 개인의 자율성과 자기 주도성을 추구하는 현대인의 가치관을 보여 준다. '덕업일치', '퍼스널 브랜딩', '마이크로 인플루언서' 등은 이러한 흐름 속에서 탄생한 신조어다. 이들은 자신이 좋아하는 일을 직업으로 하며 경제적 가치를 창출하고 이를 알리는 데에도 적극적이다. AI 코칭으로 목표와 방향을 설정했다면 이제는 주도적인 직업인으로서 그 목표를 이루기 위해 실행력을 높이는 데에 AI를 활용할 수 있다. 과거에는 목표를 세운 후 실행하는 과정에서 많은 시간과 노력이 필요했다. 하지만 이제 AI는 이러한 과정을 보다 빠르고 효율적으로 실행할 수 있도록 돕는다.

예를 들어, 퍼스널 브랜딩을 구축하기 위해 블로그를 운영한다고 해 보자. 이전에는 키워드 탐색, 콘텐츠 기획, SEO 최적화 등을 직접 학습해야 했다. 그러나 AI는 적절한 키워드를 추천하고 콘텐츠를 기획하고 SEO에 최적화된 글 작성까지 지원해 실행 시간과 노력을 크게 줄일 수 있다. 영상 제작과 코딩 등 전문 영역이라고 여겨졌던 분야에서도 AI 기반의 도구들을 활용하면 보다 쉽고 빠르게 결과물을 만들 수 있다.

AI는 실행을 돕는 것에서 나아가 창의적인 문제 해결

의 도구로 활용할 수 있다. 글쓰기, 디자인 작업, 영상 제작 등의 콘텐츠 창작의 아이디어 탐색과 기획에 동료이자 조력자로 AI를 직접 참여시킬 수 있다. 지금은 이러한 전문 창작의 영역에서 복잡한 디지털 도구 없이 AI 기반 도구로 누구나 손쉽게 창작 활동을 할 수 있는 환경이 조성되었다. 창업을 준비하는 사람들에게는 시장 분석, 마케팅 전략 수립, 고객 관리 자동화 등 비즈니스 전반에 걸쳐 다양한 AI 도구들이 제공되고 있다.

이처럼 AI는 정보를 제공하는 도우미를 넘어 실행 과정에서 부딪치는 어려움을 해결하는 데에 실질적인 도움을 줄 수 있다. AI 코칭으로 목표를 설정하고 실행력을 높여 빠르게 성취하는 것과 같이, AI는 현대인이 자아를 실현하는 데 가장 강력한 도구가 될 수 있다.

참고문헌

Abitail, P. & Martin, E. P.(2023). AI assistance for coaches and therapists. https://www.tandfonline.com/doi/full/10.1080/17439760.2023.2257642

07
AI와 예술로 채우는 삶

AI를 어떻게 활용해야 할지 막막하다면 취미를 위한 도구로 활용하길 권한다. AI는 글을 쓰고 그림을 그리고 작곡을 하는 등 다양한 예술 활동에 훌륭한 협력자가 된다. AI 창작의 사례와 함께 저작권의 문제도 살펴본다.

AI와 윤동주?

AI 창작자의 시대

인공지능을 일상에서 가장 쉽고 많이 활용하는 방법 중 하나는 취미를 위한 도구로 사용하는 것이다. 챗지피티 역시 많은 사람들에게 일종의 엔터테인먼트처럼 다가가고 있다. 생각해 보면, 이제는 우리 몸의 일부처럼 느껴지는 스마트폰도 처음 대중화되었을 때 가장 큰 역할은 정보 탐색이 아니라 오락과 소통이었다. 반도체와 통신 기술의 발전이 아이폰을 출현시키고, 유튜브 같은 소셜 미디어 플랫폼은 누구나 자신의 아이디어를 콘텐츠로 표현할 수 있는 길을 열어 주었다. 글쓰기에서 그림, 영상 제작까지 콘텐츠의 경계는 사라지고, 디지털 환경 속에서 창작은 점점 더 손쉽고 일상적인 일이 되었다. 특히 소셜 미디어와 같은 플랫폼의 발달은 이 변화를 더욱 빠르게 하며, 누구든 창작자가 될 수 있는 시대를 만들었다. 디지털에서는 이제 글, 그림, 영상의 구분조차 점점 더 흐려지며 콘텐츠의 경계가 무너지고 있다. 무엇보다 인공지능의 등장은 콘텐츠 창작과 공유의 방식에 새로운 흐름을 만들고 있다. 복잡한 편집 도구나 전문 지식 없이도, 이제는 누구나 자신의 아이디어를 글과 영상, 이미지로 구현해 낼 수 있다. AI는 그동안 전문가의 영역으로 여겨졌던 작업 과정을 단순하고 직관적인 방식으로 바꾸어 놓으며, 더 많은 사람들에게 창작 세계의 문을 열어 주고 있다. 이는 개인의 표현 가능성을 넓히는 데 그치지 않는다. 콘텐츠 제작부터 유통, 소비까지 AI는 그 모든 과정에 변화를 일으키며 완전히 새로운 창작 문화를 만들어 가고 있다. 2014년, 네덜란드의 한 대학과 마이크로소프트가 함께 진행한 '넥스트 렘브란트' 프로젝트는 AI가 얼마나 인간의 창작물과 유사하게 표현할 수 있는지를 보여 주는 인상적인 실험이었다. 빛의 화가로 불리는 렘브란트는 빛과 그림자를 표현하는 데 뛰어났으며 특히 자화상을 많이 그렸다. 이 프로젝트는 AI에게 렘브란트의 그림 스타일을 학습시키고, 렘브란트 스타일의 새로운 그림을 생성하고 여기에 3D 프린터로 그림의 질감과 붓의 터치까지 재현하는 과정을 보여 줬다. 당시엔 첨단 기술에 기반한 프로젝트로 대중과는 다소 거리가 있는 영역처럼 느껴졌다. 그러나 완성된 작품은 박물관에 걸어두어도 손색이 없을 만큼 정교했고, 이는 기술과 예술의 융합을 보여 준 대표적인 사례가 되었다. 2022년에는 AI가 그린 〈스페이스 오페라 극장(Theatre D'opera Spatial)〉이 미국 콜로라도 미술전의 디지털 아트 부문에서 1위를 차지했다. 이 작품은 제이슨 앨런(Jason M. Allen)이 인공지능 이미지 생성 도구인 미드저니를 활용하여 제작한 작품으로, 심사위원들은 AI가 그린 그림이라는 것을 알지 못했다. AI가 그린 그림이 인간이 그린 그림과 같이 창작성과 예술성을 인정받았다는 데에서 세계를 놀라게 한 것이다. 미드저니는 텍스트를 입력하면 이미지를 생성해 주는 AI 도구로 사용자가 특별한 기술이 없어도 다양한 그림을 그릴 수 있다. 미드저니는 글로 된 설명, 즉 텍스트 프롬프트만 입력하면 누구나 이미지 제작이 가능한 도구다. 특별한 미술 실력이나 기술이 없어도 감각적인 작품을 만들 수 있다는 점에서, 이 사건은 AI 시대 예술 창작의 새로운 가능성을 보여 준 상징적인 사례다.

물론, 도구 사용보다 중요한 것은 단순한 기술 활용을 넘어서 작가만의 독창적이고 고유한 감각과 개성, 정서를 작품에 어떻게 담아내는가이며 이것이 작품의 완성도와 공감을 끌어낸다는 데에는 변함이 없다. 한 작품이 세상에 나오기까지는 여전히 작가의 고유한 시선과 치열한 고민이 필요하다. 이 사례는 그러한 작가의 시선과 고민을, 기술을 통해 표현할 수 있는 또 다른 가능성을 보여 주는 것이다.

이제는 미드저니뿐 아니라 오픈AI의 달리(DALL · E), 스테이블 디퓨전(Stable Diffusion)과 같은 다양한 AI 창작 도구들이 보편화되어, 특별한 기술 없이도 누구나 자신만의 상상을 시각화된 작품으로 구현할 수 있는 시대가 열렸다.

이 변화는 기술의 진보나 편리함을 넘어선다. 예술과 기술, 창작자와 비창작자 사이의 오래된 장벽을 허물고 있으며, 우리는 지금 그 과정과 역사의 한가운데 서 있다. 그림뿐만이 아니다. 유명 작곡가 김형석은 작곡 공모전에서 AI가 만든 곡을 1위로 뽑기도 했다. 김형석 작곡가는 심사 당시 AI가 작곡한 노래라는 것을 몰랐고, 상당한 수작으로 호평했다. 이 작곡 프로그램은 수노(suno)AI로 미드저니와 마찬가지로 사용자가 텍스트를 입력하면 보컬과 연주가 포함된 음악을 생성하는 AI다. 수노AI 역시 누구나 스마트폰에서 음악을 창작할 수 있는 도구다. 미술 공모전 외에도 AI 영화제와 같은 다양한 AI 기반 공모전과 전시회가 활발히 진행되고 있다. 과거에는 유명 미술관에서만 접할 수 있던 미디어 아트가 특별한 재능과 기술을 지닌 창작자들의 전유물이었다면, 오늘날의 AI 전시회는 누구나 참여할 수 있는 플랫폼으로 변화하고 있다.

2024년 경기도가 주최한 '대한민국 인공지능 국제 영화제'에서는 전 세계 104개국에서 무려 2067건의 작품이 출품되었다. 이 국제 영화제는 생성형 인공지능 기술로 만든 영화만 참가할 수 있는 국내 최초이자 최대 규모 AI 영화제로, 기술과 예술의 융합을 실험하는 전 세계 창작자들의 무대가 되었다. 참가작의 수와 국가의 다양성만 보아도, AI를 창작 도구로 삼은 새로운 영화 제작 방식이 전 세계적으로 얼마나 빠르게 확산되고 있는지를 실감할 수 있다.

AI 기술과 창작에 관심 있는 사람들이 모여 아이디어를 교류하고 협업하는 커뮤니티도 활발하다. 대표적인 커뮤니티로 '따능스쿨'과 '지피터스(GPTers.org)'가 있다. 이곳에서는 창작자들이 AI 기술을 활용해 창의적 프로젝트를 함께 연구하고 전시를 준비하기도 하고, 매일 새로 생겨나는 다양한 AI 도구들을 활용한 사례들을 함께 연구한다. AI는 더 이상 단순한 도구에 머물지 않는다. 글쓰기, 음악, 영상, 디자인 등 다양한 창작 활동의 문을 열어 주며, 기술적 장벽을 낮추고 표현의 가능성을 넓혀 주는 든든한 파트너가 되어 가고 있다. 이제 누구나 자신의 서사와 감정을 콘텐츠로 풀어내고 작품으로 세상과 나눌 수 있는 시대다.

AI 덕분에 표현하기 어려웠던 마음이 언어가 되고, 전하고 싶던 이야기가 하나의 작품이 되어 사람들과 연결되고 있다.

AI 창작과 취미 활동

누구나 자신만의 취미 활동으로 창작의 기쁨을 느끼고 싶을 것이다. 공공 기관에서 시민들을 위한 교육으로 미술 활동, 글쓰기 과정 등이 꾸준히 진행되고 있는 것은 이 때문이다. 지금까지는 글뿐만 아니라 그림과 영상 제작에는 긴 시간 훈련되어야 하고, 카메라와 미술용품 등의 도구 마련이 필요했다. 그러나 이제 AI의 등장으로 스마트폰만으로도 이러한 창작 활동이 가능해졌다.

도서관 등의 기관을 비롯하여 다양한 부분에서 가장 활발하게 진행되고 있는 AI 교육 중 하나는 AI 동화책과 AI 영상 제작 과정이다. AI 동화책 제작 과정은 사람들이 쉽게 접근할 수 있는 동화책을 주제로 AI를 활용하여 하나의 작품을 완성해 보는 과정이다. 머릿속에 상상만 했던 글과 그림을 AI를 활용하여 보다 쉽고 빠르게 만들 수 있으며, 도서 출판 플랫폼에서 POD(Publish On Demand)로 출판도 가능하다. POD 출판은 주문이 들어올 때마다 책을 인쇄하는 선 주문 후 인쇄의 주문형 출판으로 대량 인쇄로 인한 재고 부담 없이 책을 출판할 수 있다. 평범한 개인이 큰 비용을 들이지 않고 자신만의 책을 출간할 수 있어 최근 주목받고 있다.

AI 동화책 제작 과정에서는 주제 탐색, 스토리텔링, 삽화 제작과 편집 등 전 과정에 AI를 도우미로 활용한다. 이 과정에 참여한 수강생들은 AI 활용 역량은 물론 디지털 리터러시 또한 크게 향상된다. 또한 단순히 결과물을 만들어 내는 것에 그치지 않고, AI와의 협업을 통해 창작의 즐거움과 자신감을 얻는 기회가 된다. 혁신적으로 발전되고 있는 디지털 전환과 AI 시대에 인간과 AI의 협업 가능성을 경험하는 것이다.

이러한 창작 활동을 가능하게 하는 AI 도구로 가장 많이 사용하는 것은 챗지피티와 마이크로소프트의 코파일럿이다. 이들은 특별한 사용법이 필요 없는 대화형 AI므로 '강아지 그림을 그려 줘'라고 말만 하면 그림을 그릴 수 있다. 특히 스마트폰 앱으로 접근할 수 있어 언제 어디서나 글을 쓰고 그림을 그릴 수 있다. AI 동화책 제작뿐만 아니라, 그림과 텍스트를 결합한 그림일기 작성, 시를 짓고 어울리는 시화 그리기, 사랑하는 가족들을 위한 크리스마스카드 만들기 등 AI를 활용한 다양한 창작 활동이 가능하다. 무엇보다 중요한 것은 이러한 활동을 통해 우리가 일상을 새롭게 바라보고, 평범한 하루 속에서도 나만의 이야기를 표현하고 나누는 기쁨을 발견한다는 점이다.

초등학생들도 AI를 활용한 동화책 만들기, AI 뮤직비디오 만들기 등의 활동이 가능하다. AI 도구가 쉽고 빠르게 작업을 도와준다고 해도 작품을 완성하기 위해서는 주제와 서사가 필요하며, 완성하기까지 끈기도 있어야 한다. 또 친구들과 협업하는 활동으로 구성하면 학교에서 디지털 역량을 키우는 데에는 더없이 좋은 활동이 될 수 있다. 과거에는 시도하기 어려웠던 작품 활동을 시도하고 빠르게 완성할 수 있어 아이들의 성취감을 높이고 도전 의식을 키울 수 있다.

그러나 수준 높은 작품을 완성하기 위해서는 AI만으로는 부족하다. AI 기술은 아직 과도기에 있으며 모든 것을 한 번에 해내는 요술 방망이가 아니다. 도구를 잘 다루기 위해서는 이들을 익히는 과정은 여전히 필요하며 그보다 중요한 것은 작품에 어떤 이야기를 담을 것인가이다. 사람들의 마음을 움직이는 작품에는 감동적인 서사가 있다. AI가 아무리 정교한 글과 이미지를 생성해도 이들을 의미 있는 창작물로 만드는 것은 사람의 몫이다. 사람들이 공감하는 아이디어는 기술이 아니라 다양한 감정과 경험, 삶을 바라보는 통찰에서 비롯된다. AI는 이러한 창작의 여정을 함께하는 동반자일 뿐, 그 여정의 방향과 의미를 결정짓는 것은 언제나 '사람'이다.

AI 예술과 저작권

AI 이미지와 영상이 콘텐츠 제작에 활발하게 사용되면서 저작권에 관한 논의도 중요해지고 있다. 일반적으로 저작권은 창작자가 사망한 후 70년간 보호되며, 그 이후에는 '퍼블릭 도메인'으로 간주된다. 퍼블릭 도메인이란 누구든지 저작권자의 허락 없이 저작물을 이용할 수 있는 영역에 있는 저작물로, 예를 들면, 저작권의 보호 기간이 만료되거나 저작권자가 자신의 저작권을 포기한 경우 등이다(한국저작권위원회).

예를 들어, 챗지피티에게 "반 고흐의 〈별이 빛나는 밤에〉를 그려 줘"라고 하면 원작과 유사한 그림을 생성하지만 이는 법적인 문제를 일으키지 않는다. 반 고흐의 작품은 이미 저작권이 만료된 상태이기 때문이다. 여기에 덧붙여 챗지피티는 저작권이 만료된 작품으로 법적인 문제는 없지만 AI 이미지 생성 모델은 특정 예술 작품을 직접 복제하지 않도록 설계되어 있다고 답한다. 이렇게 설계된 이유에 대해서 챗지피티는 아래와 같이 답한다.

- 창작 보호 정책: AI 모델을 단순한 복제 도구가 아니라 창

작 도구로 활용하기 위해 원작을 그대로 재현하기보다는 스타일을 반영한 새로운 작품을 생성하는 방식으로 작동한다.

■ 윤리적 문제: 유명 예술 작품을 AI가 그대로 재현하는 것이 예술적 가치를 훼손한다는 우려가 있다. 따라서 AI는 원작의 느낌을 살리되, 직접적인 복제는 피하도록 설계됐다.

■ 기술적 한계: AI 모델은 특정 이미지를 기억하고 그대로 출력하는 방식이 아니라, 학습한 스타일과 패턴을 바탕으로 새로운 이미지를 생성하는 방식이다. 따라서 원작과 완전히 똑같은 그림을 만들기는 어렵다.

이는 AI가 창작과 예술의 도구로 다루어질 때 어떤 고민을 해야 하는지 참고할 수 있는 부분이다. 예술은 때로 모방으로부터 시작되지만, 창작자의 시선과 메시지를 작품에 어떻게 담아내는가가 더욱 중요할 것이다.

AI 저작권 논란은 세계적인 이슈다. 크리스 카슈타노바의 그래픽 노블 〈새벽의 자리야(Zarya of the Dawn)〉는 작가가 글을 쓰고 미드저니가 그림을 그린 작품으로 2022년 미국 저작권청(USCO)에서 저작권 보호를 받았다. 그러나 이후 AI로 생성된 이미지에 대한 저작권 등록이 취소되었고, 2025년 텍스트와 이미지의 선택, 조정, 배열 등이 인정되어 이에 대한 저작권 보호를 다시 받게

된다. 이는 AI가 생성한 자료를 인간이 크게 수정하거나 인간의 기여가 충분하고 창의적인 경우 AI가 생성한 콘텐츠라도 저작권을 인정한 것으로, 초기와는 크게 달라진 태도다(임대준, 2025). 국내에서는 나라지식정보에서 AI로 제작한 영화, 〈AI 수로 부인〉(2023)이 편집과 창작의 기여도를 인정받아 편집 저작물로 등록되었다(장세민, 2025).

AI 저작권에 대한 논란은 여전히 현재 진행형이다. 실제로 소송이 진행 중인 사례도 적지 않으며, 국제적으로도 관련 법과 기준이 명확하게 정리되지 않은 만큼 주의가 필요하다. AI는 사용자가 요청하면 나이키 신발을 그리거나 디즈니 애니메이션의 주인공을 그려 줄 수 있다. 그러나 AI 플랫폼들은 생성된 콘텐츠를 사용했을 때의 책임을 사용자에게 묻고 있다. 특히 상업적 활용 시에는 AI 플랫폼의 정책과 더불어 저작권 관련 내용을 충분히 이해하고 사용하는 것이 중요하다. AI는 도구일 뿐 창작의 주체는 인간임을 잊지 말아야 한다.

AI와 예술로 채우는 삶

'인간은 모두 예술가로 태어난다'는 말이 있다. 실제로 예술 활동은 스트레스를 완화하고 정서적 안정감을 높이며, 예술의 창작 과정은 긍정적 정서와 성취감을 준다. 인류의 예술 활동은 문자가 발명되기 훨씬 이전부터 있어 왔다. 이는 단지 예술이 인류의 발전이나 성과를 위한 수단이 아니라, 예술 활동을 통한 기쁨과 즐거움, 감동 등 인간 본연의 가치 추구를 위한 것임을 보여 준다.

디지털이 발전하면서 이러한 활동의 의미는 더욱 확장되었다. 지금 세대의 아이들은 종이에 그림을 그리는 것 외에 태블릿 등의 디지털 도구를 활용한 미술 활동도 활발하게 하고 있다. 디지털 기술의 발전과 스마트폰의 탄생으로 과거에는 오랜 훈련이 필요했던 영역들의 진입 장벽이 크게 낮아지고, 언제 어디서나 창작 활동이 가능하게 되었다. 또한 이들은 소셜 미디어를 통해 많은 사람들과 연결되어 다양한 콘텐츠를 창작하고 감상하며 공유하는 새로운 문화를 형성하고 있다.

AI는 인간의 예술 도구 중 하나이자 새로운 표현 방식이 되고 있다. 하지만 궁극적으로 AI를 통해 무엇을 표현할 것인지, 어떤 메시지를 전달할 것인지는 여전히 인간의 몫이다. 예술이 인간에게 주는 본질적인 가치인 표현의 자유와 창작의 즐거움, 공감과 교류는 앞으로도 인류에게 중요한 가치일 것이다. AI는 이러한 예술을 더 많은 사람들이 누릴 수 있도록 하며, 자아실현을 돕고, 타인과 공감하고 교류할 수 있는 도구로 더 나은 공동체에 기여할 수 있다.

참고문헌

임대준(2025.1.30). 미 저작권청 "AI 생성 콘텐츠라도 인간 기여 인정되면 저작권 보호". 《AI타임스》, https://www.aitimes.com/news/articleView.html?idxno=167549

장세민(2025.3.29). 국내 생성 AI 영화 '저작권 첫 인정'. 세계 2번째 사례. 《AI타임스》, https://www.aitimes.com/news/articleView.html?idxno=156286

한국저작권위원회(n.d.). 저작권기술 관련 법률용어. https://www.copyright.or.kr/main.do

08
AI 기술 장벽 낮추기

기술이 모든 이에게 열려 있지 않다면 진정한 진보라 말할 수 없다. AI는 장애인과 고령자, 기술에 익숙하지 않은 사람들에게도 포용적인 도구로 새로운 가능성을 연다. 가장 진보된 기술로 보조 역할을 수행하는 AI는 '기술의 평등'을 실현하는 열쇠가 될 수 있다.

AI와 한의학?

포용적 기술 발전의 목표

기술 발전의 궁극적인 목표는 인류의 생존과 행복에 있다. 생존을 위한 불의 발견부터 사냥 도구와 문자의 발명까지 기술은 항상 인간의 삶을 진보시켜 왔다. 또 인간이 동물과 다른 점은 인간 사회는 약육강식보다 협력과 상생의 가치를 추구한다는 점이다. 인류에게 기술 발전은 단순히 생산성과 효율성만을 추구하는 것이 아니라, 삶의 질을 높이며, 구성원 모두가 소외되지 않도록 포용하는 환경을 만드는 데에도 그 의미가 있다.

이러한 노력의 일부로 2015년 유엔에서는 지속 가능 발전 목표(SDGs, Sustainable Development Goals)로 17개 주요 과제를 정하고 2030년까지 해결해야 할 국제사회의 최대 공동 목표로 삼았다(UN). 지속 가능 발전 목표는 인류가 지속 가능한 미래로 나아가기 위해 해결해야 할 주요 과제들을 포함하고 있으며, AI는 이러한 목표를 달성하는 데 중요한 역할을 할 수 있다. 특히 양질의 교육, 혁신과 인프라 구축, 불평등 완화, 지속 가능한 도시 등의 목표는 디지털 기술과 AI 활용으로 크게 개선될 수 있는 분야다. 또한, 기술 장벽을 낮추고 모든 사람이 혜택을 누릴 수 있게 하는 것은 SDGs의 핵심 원칙과도 일맥상통하며, 인공지능은 복잡한 과정을 단순화하고, 전문 지식 없이도 다양한 서비스에 접근할 수 있게 함으로써 정보와 디지털 격차를 줄이는 데 큰 역할을 할 수 있다.

눈과 귀가 되는 AI

기술 발전의 혜택을 모두가 공평하게 누릴 수 있도록 하기 위한 노력은 꾸준히 있어 왔다. 스마트폰 출현 이전의 피처폰에서도 이러한 노력이 있었는데 전화가 오면 발신자 정보를 읽어 주거나 문자 메시지를 읽어 주는 TTS(Text-To-Speech) 기능을 예로 들 수 있다. TTS는 인쇄된 글자를 음성으로 읽어 주는 기술로 시각 장애인들을 돕기 위해 개발되었다. 휴대폰에서 메뉴를 이동하고 웹 서핑을 하거나 문자 메시지가 오면 스크린 리더에서 화면을 스캔하고 TTS로 문자를 음성으로 변환하여 읽어 주는 기능이다. 당시의 TTS는 사람과는 너무 다른 기계음으로 듣기 힘들었지만, 시각 장애인이나 저시력자에게는 꼭 필요한 기능이었다. AI가 발전된 지금의 TTS는 사람의 목소리에 가까워 전혀 어색함이 없다. 텍스트를 읽어 주는 최근의 AI 보이스 서비스는 네이버 클로바를 비롯한 타입캐스트(Typecast), 일레븐랩스(ElevenLabs) 등 다양하다. 이들은 사용자가 입력한 텍스트를 AI 음성으로 변환해 주는 서비스로 사용자 자신의 목소리를 학습시켜 음성을 생성할 수도 있다.

AI 멀티모달 기술을 활용할 수도 있다. AI 멀티모달은 텍스트, 이미지, 비디오 등 여러 유형의 데이터를 동시에 처리하고 통합하여 제공할 수 있는 AI 기술이다. AI 멀티모달의 가장 쉬운 예는 해외여행을 갔을 때 식당의 메뉴판을 사진으로 찍어 AI에게 요청하면 사진의 텍스트를 읽고 번역해 주는 것이다. 이렇게 스크린 리더만으로 해결되지 않는 일상의 다양한 어려움을 해결할 수 있다. 기기의 사용법을 AI에게 읽어 달라고 요청하거나 텍스트를 읽는 것으로는 해결되지 않는 상황을 사진으로 보여 주고 도움을 받을 수도 있다.

AI가 등장하기 이전에는 전 세계 시각 장애인들과 자원봉사자들을 실시간으로 연결해 주는 비마이아이즈(Be My Eyes)와 같은 앱이 있었다. 사용자가 자신의 스마트폰 카메라로 필요한 장면을 비추고, 자원봉사자는 실시간으로 그 내용을 설명해 주는 것이다. 지금의 AI 기술은 여기서 한발 더 나아간다. 장애를 겪는 사람들이 가족이나 친구의 도움 없이 일상에서 더욱 독립적으로 생활할 수 있게 한다. 이는 디지털 기술의 진보가 얼마나 실질적인 변화를 불러올 수 있는지 보여 준다.

2024년 겨울, 오픈AI는 챗지피티의 새로운 '어드밴스드 보이스' 모드를 공개했는데, 여기에는 스마트폰의 카메라를 통한 화면 공유 기능이 포함되어 있다. 이것은 사진을 찍어 해석을 요청하는 것을 넘어, 실시간 화면 공유가 가능한 기능으로 AI가 사용자의 표정이나 주변 환경을 실시간으로 보고 해석할 수 있는 것이다. 마치 영화 〈그녀(Her)〉에서 주인공 테오도르가 셔츠 주머니에 스마트폰을 넣고 다니며 카메라를 통해 AI 사만다와 같은 장면을 보고 대화하는 것과 같다. 이어서 AI의 화면 공유 기능은 구글의 제미나이 라이브(Gemini Live)와 스트림 리얼타임(Stream Realtime)에서도 선보였다. 이들은 스마트폰이나 컴퓨터의 화면을 AI와 공유하는 기능으로 이전의 스크린 리더를 대체할 수 있으며, 화면을 읽어 주는 것을 넘어 AI와 대화하여 화면을 해석하고 공동 작업도 할 수 있다.

최근에는 텍스트를 음성으로 읽어 주는 것과 함께, 반대로 음성을 텍스트로 변환해 주는 AI도 동일한 플랫폼에서 거의 동시에 제공되고 있다. 음성을 텍스트로 변환하는 기능은 STT(Speech-to-Text)로 대부분 TTS와 함께 통합 서비스로 제공된다. 예를 들어, AI 스피커나 실시간 통역 시스템을 떠올리면 이해하기 쉽다. STT가 외국어 음성을 텍스트로 변환하고, 번역 AI가 이를 번역한 후 TTS가 다시 음성으로 변환하여 통역하는 것이다. 대부분의 최신 동영상 편집 프로그램에는 STT가 기본 기능으로 포함돼 있어, 영상 콘텐츠의 실시간 자막 제작, 편집이 매우 편리해졌다. 또한 영상에 텍스트가 포함되어 있지 않더라도 유튜브 등의 영상 플랫폼에서 실시간으로 자동 자막 제공이 가능해졌다. 이로써 청각 장애인을 비롯하여 듣는 데에 어려움이 있는 이들이 영상으로 제공되는 수많은 뉴스, 교육, 문화 콘텐츠에 더욱 쉽게 접근할 수 있게 되었다.

교육 격차를 해소하는 AI

불과 몇 년 전, 코로나19 팬데믹으로 아이들이 학교에 가지 못하는 초유의 상황이 발생했었다. 직접 대면하는 것과 비교할 수 없지만, 통신 기술과 반도체의 발전 덕분에 어려운 상황에서도 비대면 교육이 가능했고, 코로나가 종식된 지금은 학교 현장의 디지털 기기 보급과 교육이 활발하게 이루어지고 있다. 또한, 원격 학습에서 학생들의 참여와 학습 효과를 높이기 위한 다양한 방안들이 연구되고 있으며, 디지털 교과서와 AI 튜터 등의 새로운 교육 방식도 검토되고 있다.

칸 아카데미(Khan Academy)는 빌 게이츠가 아들과 함께 공부한 교육 플랫폼으로 유명하다. 칸 아카데미는 2006년 살만 칸(Salman Khan)이 조카에게 원격으로 수학을 가르치기 위해 시작되었으며, '누구에게나, 어디에 있든 무료로, 세계적 수준의 교육을 제공한다'는 사명을 가진 비영리 온라인 교육 플랫폼이다(Khan Academy). 수학, 과학, 인문학 등 다양한 분야에서 대학 수준의 무료 교육 콘텐츠를 제공하며 학생들이 자신의 속도로 개별 학습을 진행할 수 있다. 최근 적용된 '칸미고(Khanmigo)' AI 튜터는 단순히 답을 제공하는 것이 아니라, 소크라테스식 문답법으로 학생들이 스스로 문제를 해결할 수 있도록 안내한다. 이로써 교사의 수가 절대적으로 적은 교실 환경에서도 학생들의 특성과 수준에 맞게 교육할 수 있어, 기존의 어려움을 해소할 수 있게 되었다. 학생 개별 수준에 맞는 맞춤형 교육을 제공하면, 학생의 특성에 맞는 질의응답으로 학습 동기를 높일 수 있다. 이와 유사한 글로벌 교육 플랫폼으로 코세라(Coursera)와 유다시티(Udacity)가 있으며, 한국형으로는 한국의 여러 대학이 협력하여 만든 무료 온라인 강의 플랫폼 K-MOOC가 있다. 학교 및 대학 교육뿐만 아니라 어학 서비스와 광학 문자 인식(OCR) 기술을 활용한 수학 문제 풀이로 유명한 '콴다' 등 다양한 교육 서비스에 AI가 적용되고 있다. 이러한 교육 서비스들은 저렴한 비용으로 교육 인프라가 부족한 지역에서도 양질의 교육 콘텐츠에 접근할 수 있게 하며 각 학습자의 특성을 고려한 맞춤형 학습을 제공한다.

돌봄의 도우미 AI

CES(Consumer Electronics Show)는 매년 1월 미국 라스베이거스에서 개최되는 세계 최대 규모의 가전 및 IT 제품 전시회다. CES는 전 세계 150개국 이상의 IT 관련 업체가 참여하며 첨단 기술 트렌드를 한눈에 볼 수 있는 글로벌 행사다. 2025년 CES의 핵심 키워드는 단연 AI였다. AI는 헬스케어, 모빌리티, 환경 등 다양한 분야에서 빠지지 않는 핵심 기술로 포함되었다.

특히 AI 기능이 포함된 다양한 애완, 돌봄 로봇을 선보였는데 그중 국내 기업에서 선보인 '레미(Lemy)'가 혁신상을 수상하였다. 시니어 케어 로봇 레미는 고령층의 말벗이 되어 주고, 위기 상황을 감지하는 등의 돌봄 기능을 제공한다. 사용자가 레미를 부르면 곁으로 다가오며, 일정 시간 대화가 없는 경우 먼저 말을 걸어 사용자의 심리적 안정을 돕는다(특별 취재단, 2025). 그 밖에 노인의 낙상 문제를 해결하기 위한 AI 기반 카메라 카미비전(Kami Vison), 노인과 대화가 가능한 탁상형 로봇 엘리크(ElliQ) 등이 AI 기능을 포함한 돌봄과 동반 로봇으로 소개되었다.

최근 한 뉴스에서는 60~70대 인구가 30~40대를 넘어섰다고 보도했다. 빠르게 진행되는 고령화 시대에 노인 돌봄은 누구나 피할 수 없는 중요한 사회적 과제가 되고 있다. 이러한 상황에서 AI 기술을 기반으로 하는 돌봄 로봇은 효과적인 대안이 될 수 있다. 사람을 완전히 대체할 수는 없지만, AI 덕분에 기계적 조작은 훨씬 간단해졌고 사용법도 직관적으로 바뀌었으며, 외형은 이전보다 더욱 친근한 모습이 되었다. 비교적 저렴한 비용으로 24시간 돌봄이 가능하며, 간단한 말벗이 되거나 심리적 케어까지 가능한 돌봄 로봇은 AI가 인간을 대체하는 것이 아니라 인간을 돕고 협력하는 새로운 동반자의 역할을 보여 준다.

고령층이 일상에서 겪는 또 다른 어려움은 키오스크다. 디지털 전환과 비용 절감의 문제로 많은 대면 서비스가 키오스크로 대체되었지만, 디지털 약자인 고령층에게 이는 오히려 자신감을 위축시키고 사회 활동을 어렵게 한다. 이에 따라 수많은 노인 복지 센터의 필수 교육 과정으로 빠질 수 없는 것이 키오스크 체험 교육이 되었다. 이 문제를 해결하기 위해 AI 기능을 적용한 'AI 휴먼' 키오스크가 개발되었다. 'AI 휴먼' 키오스크는 대화형 AI 모델을 적용해 기존의 단방향 키오스크와 달리, 대화로 소통하며 작동하는 양방향 설루션을 제공한다(김대은, 2024).

사람을 대체하는 키오스크를 편리하게 여기는 사람들도 있지만 고령층을 비롯한 시각 장애인, 청각 장애인 등 사회적 약자들에게는 접근이 어려운 기기다. 대화형 키오스크에 이어 사용자를 감지하고 화면의 눈높이를 맞춰 주고 디지털 촉각 장치로 점자 표시를 해 주는 '배리어프리 키오스크(Barrier-free Kiosk)'도 등장했다.

기술 발전은 사회 변화를 빠르게 하고, 끊임없이 새로운 환경에 적응해야 하는 부담을 준다. 하지만 동시에, 이러한 변화가 누군가의 어려움을 해소하고, 새로운 가능성과 기회를 마련해 주기도 한다.

감정을 표현하고 치유하는 AI

AI는 기능적 지원을 넘어서 감정을 치유하고 위로를 제공하는 방향으로도 발전하고 있다. 2020년 코로나가 한창이던 시기, 메타버스는 가장 주목받는 기술 중 하나였다.

MBC 다큐멘터리 〈너를 만났다〉는 VR(Virtual Reality)을 통해 암으로 갑작스럽게 세상을 떠난 딸과 다시 만나는 엄마의 모습을 그려 내 많은 사람들에게 감동을 주었다. 당시 VR 서비스에 전문 인력과 고가의 비용이 소요되었다면 이후 AI를 활용한 딥 노스탤지어(Deep Nostalgia)는 저비용으로 비전문가도 구현할 수 있는 기술로 발전되었다.

딥 노스탤지어는 AI 기술로 오래된 가족사진이나 영상에 생동감을 불어넣어, 고인이 된 가족이 다시 살아 움직이는 모습을 경험할 수 있게 한다. 이 기술은 가족을 갑작스럽게 잃은 사람들에게 감정적 위안을 제공하며, 상실의 아픔을 치유하는 데 도움을 준다. 이러한 사례는 기술이 물리적인 문제를 해결하는 데 그치지 않고, 심리적 아픔을 치유하고 정서적 안정에 도움을 줄 수 있음을 보여 준다.

딥 노스탤지어를 기반으로 디지털 휴먼을 생성하고 재연하는 AI 인물 생성 서비스가 최근 더욱 빠르게 발전하고 있다. 지난 2024년 광복절에는 오래된 사진 한 장으로 구현된 독립 열사들의 생생한 AI 영상을 접할 수 있었다(주성미, 2024). AI 영상 기술이 획기적으로 발전한 지금은 AI를 활용한 영상 제작 프로그램이 보편적으로 활용되고 있다.

이처럼 디지털 기술과 AI는 사람들의 감정 표현과 심리적 안정을 도울 수 있는 새로운 역할을 할 수 있다. 이는 기술이 얼마나 정교한가의 문제가 아니라 자신의 감정과 생각을 보다 자연스럽고 다양하게 표현할 수 있는 통로를 열어 준다는 점에서 의미가 있다.

최근 필자의 강의에서 만난 한 수강생이 공유한 경험이 인상적이었다. 디지털 기기 사용이 어려웠던 사용자는 대화형 AI와 함께 글과 그림으로 표현하는 방법을 배우고 있었다. 자신의 복잡한 감정을 표현하기 어려웠던 그는 챗지피티와의 대화를 통해 자신의 감정을 언어로 정리할 수 있었고 이를 AI와 시로 창작했다. 평소 표현하기 어려웠던 감정을 AI를 통해서 글로 정리하면서 자신의 마음을 더 깊이 들여다보게 되고 복잡한 감정이 해소될 수 있었다고 한다. 이처럼 표현하기 어려운 마음을 글과 그림, 음악과 같은 창작물로 풀어낼 수 있다는 것은 기술이 우리에게 주는 혜택 중 하나다. AI와 함께 시를 쓰고, 작곡 AI 수노(Suno)를 활용해 노래로 감정을 표현하는 일은 스스로를 위로하는 새로운 방식이 될 수 있다.

아이들 교육에도 마찬가지인데, AI를 통해 자신의 생각과 감정을 글과 그림으로 표현하고 시각화할 수 있다.

필자는 챗지피티 등장 이전에도 디지털 리터러시 교육을 통해 아이들과 다양한 주제를 탐색하고 표현하기 위한 도구로 디지털을 활용해 왔다. 이러한 활동은 학생들이 디지털 도구를 소비자가 아닌 생산자로서 자기표현을 위한 도구로 활용할 수 있는 역량을 키워 준다. 또한 좋아하는 도구를 활용하는 활동이므로, 호기심을 유지하고 끝까지 작품을 완성하는 끈기와 자신감을 가지게 하는 효과가 있었다.

이는 단순한 일화처럼 보일 수 있지만, 디지털 리터러시 교육자로서 발견한 중요한 현상 중 하나다. AI는 기술적으로 능숙하지 않은 사람들에게도 창의적 표현의 도구가 될 수 있으며, 이는 더욱 충만하고 만족스러운 삶을 사는 데에 중요한 역할을 할 수 있다.

모두를 위한 AI 기술이 되기 위하여

지금까지 살펴본 사례들은 AI가 기술적 도구를 넘어, 사회적 약자와 소외계층을 포함한 모든 이들의 삶을 더욱 풍요롭게 할 수 있는 도구가 될 가능성을 보여 준다. AI는 시각 장애인과 청각 장애인에게 새로운 소통의 창을 열어 주고, 고령층에게 디지털 세상으로의 접근을 쉽게 하며, 교육 격차를 줄이고, 정서적 위안을 제공할 수 있는 포용적 역할도 함께 하고 있다.

그러나 AI 활용에는 주의해야 할 부분도 많다. 기술 발전의 속도는 이전과는 비교할 수 없을 정도로 빨라지고 있으며, AI가 이를 더 가속화한다. 정보 격차, 디지털 격차에 이어 AI 격차에 대한 우려의 목소리도 커지고 있으며 인터넷과 전력망, 기기 보급 등 기존 인프라가 갖추어져야 AI 활용이 가능하다는 단점도 무시할 수 없다.

특히 교육 분야에서 AI는 강력한 학습 도구가 될 수 있지만, 지나치게 AI에 의존하게 되면 비판적 사고력, 창의력, 문제 해결 능력과 같은 핵심 역량 발달이 저해될 수 있다. 빠른 해결에 집중한 나머지 오랜 시간을 두고 고민하고 해결했을 때 느끼는 성취감을 해칠 수 있다는 지적도 있다. 아직 미성숙하고 정서적 돌봄이 필요한 학령기에는 교사와 학부모의 지도하에 학습 보조 도구로 AI를 활용하도록 해야 한다.

AI 윤리와 편향성의 문제도 간과할 수 없다. AI는 학습된 데이터에 내재된 사회적 편견과 불평등을 그대로 반영하거나 오히려 사용자에게 이를 학습시킬 위험이 있다. 따라서 AI 시스템을 개발하고 적용할 때는 다양한 관점으로 분석해 보고 편향성을 최소화하는 노력이 필요하다.

이처럼 AI 기술은 아직 완전하지 않다. 따라서 모든 사람이 기술의 혜택을 누리기 위해서는 기본적인 디지털 리터러시와 AI에 대한 이해와 교육이 필요하다. 디지털을 포함한 AI 리터러시 교육은 단순한 기술 사용법을 넘어서 윤리적 사고와 주체적 활용 능력을 키우는 것이 핵심이다. AI에 대한 맹목적 의존을 지양하고, AI의 가능성과 더불어 한계를 이해하며 정보를 비판적으로 평가할 수 있어야 한다. 이것은 단지 디지털에 관련된 교육이 아니라 인류 보편의 가치에 대한 교육이다. 지속 가능 발전 목표에서 강조하는 '누구도 소외되지 않는 것(Leave No One Behind)'의 원칙은 AI 기술 발전에도 중요한 지침이 된다.

참고문헌

김대은(2024.4.20). 키오스크, 대화로 '양방향 소통' 가능. 《산업일보》, https://kidd.co.kr/news/236440

주성미(2024.8.16). [영상] 처음 보는, 웃는 유관순의 만세…"눈물이 난다". 《한겨레》, https://www.hani.co.kr/arti/society/society_general/1153832.html

특별 취재단(2025.1.17). CES 2025, 돌봄 로봇 '레미' 혁신상 수상…"시니어 케어 로봇의 새로운 미래 제시". 《에이빙》, https://kr.aving.net/news/articleView.html?idxno=179690

0

Khan Academy. https://ko.khanacademy.org/
UN(n.d.). The 17 Goals. https://sdgs.un.org/goals

09
AI 사피엔스

인공지능의 발전은 도구를 넘어 인류의 생활 방식과 문화 전체를 변화시키고 있다. 우리는 '호모 사피엔스'에서 '포노 사피엔스'로, 다시 'AI 사피엔스'로 이행하는 길목에 서 있다. 이 장은 인간과 AI의 공진화 가능성과 새로운 인간형으로 'AI 사피엔스'라는 개념을 제안한다.

AI와 화장품?

심심한 사과와 문해력

요즘처럼 '문해력'과 '리터러시'라는 단어가 자주 등장한 적은 없을 것이다. 디지털 리터러시와 별개로 여기에서는 '문해력'을 글을 읽고 쓰고 이해하는 능력으로 제한해 보자. '심심한 사과' 사건은 문해력 논란을 촉발하였는데, 이는 한 웹툰 작가 초대 행사의 시스템 오류 발생을 사과하는 과정에서 일어났다. 주최 측은 시스템 오류에 대해 "불편을 끼쳐 드린 점, 다시 한번 심심한 사과 말씀 드립니다"라는 공지를 올렸고, 이에 대해 일부 사용자들이 "마음의 표현 정도가 매우 깊고 간절하다"는 뜻의 '심심(甚深)하다'를 '지루하고 재미없다'는 의미로 잘못 이해하면서 벌어진 논란이다. 이후 'MZ세대 문해력 테스트'라는 제목으로 '금일', '사흘', '중식', '우천 시', '대관절', '개편하다' 등의 어휘를 이해하는지 확인하는 테스트가 한동안 유행하기도 했다.

이 논란의 원인은 스마트 기기로 인해 소비하는 콘텐츠가 달라졌기 때문이다. 문어체를 사용하는 출판 인쇄물과 달리 모바일 환경의 디지털 콘텐츠는 대부분 구어체를 사용하는데, 이는 쉽게 소비되고 휘발되는 디지털의 특성을 반영한다. 문해력 테스트의 주요 단어들은 문어체에서 주로 사용하는 어휘로 영상 콘텐츠에서는 찾아보기 어렵다. 실제로 공공 기관에 입사한 지인은 문서 작성에 사용되는 용어를 이해하지 못해 업무에 어려움을 겪는다며 고충을 토로하기도 했다.

수많은 콘텐츠가 디지털로 생산되고 소비되는 지금 시대에 문해력은 오히려 강조되고 있다. 정보와 콘텐츠가 범람하는 시대일수록 콘텐츠의 신뢰성와 전문성을 확보하려면 이를 뒷받침할 수 있는 어휘력과 글쓰기 역량이 필요하다. 최근 들어 블로그나 브런치와 같은 텍스트 중심의 플랫폼이 다시 부상하는 것은 이러한 현상을 반영한다.

문해력은 AI를 적절한 용도에 효과적으로 사용하는 데에도 필수적이다. AI 프롬프트는 사용자가 원하는 결과물을 얻기 위해 AI에 입력하는 텍스트 형태의 질문이나 지시 사항을 뜻한다. 프롬프트는 구체적이고 명확할수록 AI의 성능과 결과물의 정확성을 높일 수 있다. 따라서 사용자가 원하는 결과물을 얻기 위해서는 해당 분야에 대한 기초 지식을 갖추고 있어야 하고, 필요한 요청 사항을 정확하게 이해하며, 간결하고 명확한 언어로 표현할 수 있어야 한다.

또 AI가 생성한 결과물을 비판적 시각으로 평가할 수 있으며, 바르게 해석하고 활용하는 역량도 문해력에 포함된다. 문해력, 즉 리터러시는 전통적인 읽기 및 쓰기 능력을 넘어 기술을 효과적으로 사용하고, 그 결과물을 비판적으로 이해하고 활용할 수 있는 능력으로 그 의미가 확장되고 있다.

포노 사피엔스에서 AI 사피엔스로

《트렌드 코리아 2024》에서 언급한 '호모 프롬프트(Homo Prompt)'는 'AI 리터러시' 혹은 '인공지능 문해력'을 갖춘 인간에 대한 키워드로, AI를 잘 활용할 수 있는 사람을 뜻한다(김난도 외, 2023). 여기에서 '호모'는 호모 사피엔스의 '호모', 즉 인간을 의미하는 단어이며, '프롬프트'는 AI와 소통하는 연속적인 대화를 뜻한다.

AI 출현 이전에는 '포노 사피엔스(Phono Sapiens)'라는 용어가 있었다. '포노 사피엔스'는 스마트폰과 호모 사피엔스의 합성어로 스마트폰을 신체의 일부처럼 사용하는 새로운 인류를 뜻하는 말인데 2019년 최재붕 교수가 저서 《포노 사피엔스》에서 언급했다. 그는 스마트폰이 인간의 생존에 유리한 도구가 되었기 때문에 사람들이 자발적으로 이를 받아들이고 활용하는 현상을 '진화'로 해석했다. 즉, 스마트폰을 신체의 연장선처럼 사용하는 것은 단순히 기술 발전이 아니라 인류의 생활 방식 자체가 변화하는 과정으로 설명하였다.

이제 스마트폰을 넘어 인공지능이 일상 속 깊숙이 자리 잡으며, 새로운 인류가 등장했다. '포노 사피엔스'가 스마트폰과의 공존을 특징으로 했다면, AI와 함께 고민하고 생활하는 인류를 'AI 사피엔스(AI Sapiens)'라고 부를 수 있다. 실제로 챗지피티의 주간 활성 사용자는 전 세계 4억 명을 넘어섰으며, 불, 전기, 그리고 AI를 인류의 3대 발명품으로 꼽는 이들도 있다. 우리 주변에서는 챗지피티뿐만 아니라 클로드(Claude), 퍼플렉시티(Perplexity)와 같은 대화형 AI를 비롯해 음악 작곡, 이미지 생성, 문서 작성 등 다양한 기능을 제공하는 AI 플랫폼을 구독하는 사람들을 흔하게 볼 수 있다.

영화 전문 번역가 황석희 번역가는 AI 서비스의 월 구독료가 약 15만 원에 이른다고 한다. 그는 AI의 번역이 충분하지 않기 때문에 그대로 사용하지 않고, 해석에 도움을 주는 도구로 활용한다면서 AI가 없는 세상으로 돌아가고 싶지 않다고 했다. 이는 AI가 기존의 전문 직업군을 대체하는 것이 아니라, 인간과 협력하는 형태로 발전하고 있음을 보여 준다(정시환, 2025).

이처럼 AI는 단순한 도구를 넘어 인간과 함께 사고하고 결정을 내리는 존재로 자리 잡고 있다. 포노 사피엔스가 스마트폰과의 공존을 통해 진화했다면, AI 사피엔스는 AI와의 협업을 통해 더욱 지능적이고 창의적인 방식으로 삶을 설계하는 새로운 인류가 될 수 있다. 앞으로 AI와 인간의 관계는 더욱 긴밀해질 것이며, 이에 따른 새로운 리터러시와 삶의 방식의 변화가 요구될 것이다.

미래에 대한 두려움과 AI 윤리

인간과 기계의 공존에 대한 고민은 오래전부터 있었다. 아이작 아시모프는 1942년 그의 단편 소설 〈런어라운드(Runaround)〉에서 '로봇 3원칙'을 제시하며 AI 윤리와 인간과 기계의 공존 문제를 고민하기 시작했다. 또한, 〈블레이드 러너(1982)〉, 〈터미네이터(1984)〉, 〈아이, 로봇(2004년)〉, 〈엑스 마키나(2016년)〉 등의 영화에서도 AI와 인간이 공존하는 미래를 그리고 있다. 이들은 AI와 기계에 대한 인간의 두려움과 불안함을 영화로 표현하고 있으며, 동시에 진정한 인간성은 무엇인지에 대한 고민도 담고 있다.

스티븐 호킹 박사를 비롯한 많은 과학자들은 AI의 무분별한 발전이 훗날 스스로를 재설계하는 초지능 AI를 탄생시키고 이들이 인류의 위협이 될 수 있다고 경고해왔다. 오픈AI는 이러한 우려 속에서 재정적 수익 창출의 의무가 없는 비영리 단체로 출범했다. 이는 상업적 목적보다 인류에게 이로운 인공지능을 개발하는 것을 목표로 하며 인간에게 긍정적인 영향을 미치는 연구에 집중하기 위한 것이었다.

초지능 AI를 예외로 하더라도 수많은 서비스에서 사용되는 AI 알고리즘은 우리 사회에 큰 영향을 미치고 있으며 이들이 공정하지 못하면 사회적으로 큰 문제가 될 수 있다. 《대량 살상 수학 무기(Weapons of Math)》(캐시 오닐, 2017)에서는 금융, 국방, 범죄 등 다양한 분야의 데이터와 해석, 그리고 알고리즘이 우리에게 미칠 수 있는 영향의 위험성을 경고한다. AI는 데이터에 기반하여 학습하고 판단을 내리지만, 이 데이터가 편향되어 있다면 AI 역시 편향적인 결정을 내릴 수 있다. 이는 인공지능이 객관적이고 공정할 것이라는 기대와는 정반대의 결과를 초래할 수 있다. 알고리즘의 편향성과 폐해는 여러 차례 드러났다. 예를 들어, 미얀마 로힝야 난민 사태에서는 소셜 미디어의 알고리즘이 증오를 확산시키는 역할을 했으며, AI 감시 카메라가 특정 의상을 착용하지 않았다는 이유로 개인의 권리를 제한하는 사례도 보고되고 있다. 그 밖에 딥페이크의 오용, AI의 성차별과 인종 차별 사례도 이미 너무나 많다. 유발 하라리는 그의 저서 《넥서스(Nexus)》(2024)에서 이러한 알고리즘의 위험성을 경고하며 AI가 사회적 감시 도구로 전락할 위험성을 강조했다.

그럼에도 이제까지 기술 발전은 인류를 진보시키고 인류 보편의 문제를 해결하는 데 크게 기여해 왔다. AI 덕분에 의료, 교육, 환경, 복지 등 다양한 분야에서 획기적인 변화가 이루어지고 있다. 예를 들어, AI 기반 의료 진단 시스템은 조기 진단을 통해 질병 치료율을 높이며, 신약 개발 비용과 시간을 크게 단축시킨다. 침수 피해를 막고 산불을 예방하는 등 기후 변화 문제 해결에도 활발하게 적용되고 있다.

AI는 해결해야 할 수많은 과제들을 안고 있지만, 인류가 직면한 여러 문제 해결에 중요한 역할을 하고 있다. AI와 우리의 미래는 이를 어떻게 활용하고 관리하느냐에 달려 있다. 과거 포노 사피엔스가 스마트폰과 함께 일상을 재편해 갔다면, AI 사피엔스는 인공지능과 협력하며 새로운 삶의 방식을 만들어 가는 존재라 할 수 있다. 인류와 AI가 공존하는 'AI 사피엔스' 시대에 이러한 변화를 받아들이고 적응하는 태도가 더욱 중요해질 것이다.

AI와 인류의 공진화

AI는 도구를 넘어 인간과 공진화하는 존재로 발전하고 있다. '공진화'란 서로 다른 종이나 시스템이 상호 작용하며 함께 진화하는 과정을 의미한다. 《트렌드 코리아 2025》(김난도 외, 2024)에서는 기업과 소비자가 함께 성장하기 위한 전략으로 2025년 키워드로 선정되었다. AI와 인간의 관계 또한 이에 해당하며, 인간의 호기심과 창의성, 통찰과 직관이 AI를 발전시키는 동시에, AI가 인간의 능력을 확장하는 방식으로 상호 작용하고 있다.

AI의 창의력은 기존 데이터의 학습과 조합에 의해 형성된다. 챗지피티나 AI 이미지 생성 모델은 방대한 데이터를 분석해 새로운 결과물을 만들어 내지만, 그 중심에는 인간의 질문이 있다. 우리가 어떤 질문을 던지느냐에 따라 AI가 학습하고 대응하고 답변하는 것도 달라지는 것이다. AI는 인간이 제시한 질문을 바탕으로 최적의 답변을 생성하지만, AI에게 질문하기 위해 문제를 정의하고 탐색하는 것은 인간의 역할이다. 미드저니로 그림을 그리고, 수노AI로 작곡을 하며, 런웨이에서 영상을 제작하고 영화를 만드는 주체는 사람이다. 인간이 AI 도구를 융합하고 활용하는 방식은 AI가 발전하는 방향이 될 수 있다. 그리고 여기에는 인간의 호기심과 욕망, 메시지가 담겨 있는 것이다.

이러한 과정은 AI가 인간을 대체하는 것이 아니라, 우리가 원하는 방향으로 인간의 가능성을 확장하고 보완하는 방식으로 발전하고 있음을 보여 준다. AI는 기술의 진보에 그치지 않고, 인간이 더 창의적이고 효율적으로 문제를 해결하도록 돕는 협력자로 함께 하고 있다. AI는 교육, 의료, 환경 등 우리가 원하는 다양한 분야에서 인류를 보완하는 역할을 할 것이며, 우리는 AI와 함께 성장하며 보다 나은 미래를 설계해 나가야 한다.

이처럼 AI를 창의적이고 효율적인 조력자로 삼아 우리의 삶을 더욱 풍요롭고 행복하게 만들어 가는 미래의 인간을 'AI 사피엔스'라고 부를 수 있을 것이다. AI가 우리의 사고방식과 생활 방식을 변화시키는 만큼, 우리는 AI와 함께 배우고 성장하는 존재로 나가야 한다.

참고문헌

김난도 외(2024). 《트렌드 코리아 2025》. 미래의창.

유발 하라리(2024). 《넥서스》. 김명주 옮김, 김영사.

정시환(2025.2.22). MBC '전지적 참견 시점' 황석희 번역가, AI 활용의 놀라운 비밀 공개". 《스페셜타임스》. https://www.specialtimes.co.kr/news/articleView.html?idxno=421567

최재붕(2019). 《포노 사피엔스》. 쌤앤파커스.
캐시 오닐(2017). 《대량 살상 수학 무기》. 김정혜 옮김, 흐름출판.

10
미래의 라이프 코치, AI

개인화된 현대 사회에서 AI는 삶의 길을 함께 탐색하는 코치가 될 수 있다. 단순한 정보 제공을 넘어 생각을 정리하고 실행을 돕는 조력자로서, AI의 '미래의 라이프 코치'로서의 가능성을 살펴본다.

종교와 AI?

핵개인 시대와 AI의 등장

《시대예보: 핵개인의 시대》(2023)에서 저자 송길영은 지금 시대를 핵가족을 넘어 '핵개인'의 시대라고 말한다. 핵개인은 가족이나 공동체의 지원 없이 독립적으로 자신의 삶을 설계하고, 다양한 역할을 동시에 수행해야 하는 사람을 뜻한다. 이는 홀로 살아간다는 의미를 넘어, 자기 주도적으로 목표를 설정하고 이를 이루기 위해 능동적으로 움직이는 사람을 의미한다.

과거에는 공동체 안에서 한 가지 역할만 잘 수행하면 되었지만, 이제는 다양한 삶의 영역에서 스스로를 책임질 수 있는 '육각형 인간'이 요구된다. 디지털과 AI의 발전은 이런 변화에 날개를 달았다. AI의 등장과 디지털 기술의 발전으로 핵개인이 혼자서 해낼 수 있는 일이 훨씬 많아졌다. 특히 '솔로프러너(Solopreneur)'라는 용어는 이런 흐름을 잘 보여 준다. 솔로프러너란 'Solo(솔로)'와 'Entrepreneur(기업가 · 안트러프러너)'의 합성어로, 혼자서 아이디어를 실현하고 비즈니스를 운영하는 1인 기업가를 의미한다(유수진, 2024). 이 용어는 《트렌드 코리아 2024》에서 소개된 'AI 프러너(AI-preneur)'와 '호모 프롬프트(Homo Prompt)'와 함께 AI 시대의 단면을 잘 보여 준다.

'AI 프러너'는 AI 기술을 활용해 창의적이고 혁신적인 비즈니스를 구축하는 새로운 유형의 기업가를 뜻하며, '호모 프롬프트'는 AI와 협력하여 문제를 해결하는 현대인의 모습을 나타낸다. 이 용어들은 AI가 더 이상 단순한 도구가 아니라, 개인의 삶과 직업을 확장하는 중요한 파트너로 자리 잡고 있음을 보여 준다.

이제 AI는 정보 검색, 콘텐츠 제작, 문제 해결 등 다양한 영역에서 인간의 역량을 확장해 주며, '핵개인'이 다양한 역할을 효과적으로 수행할 수 있도록 돕는다. 마치 등산가에게 지도와 나침반이 필수 도구이듯, 현대인에게 AI는 삶의 여정을 더 능동적이고 풍요롭게 만드는 필수적인 도구다.

AI와 거인의 어깨 위에 서다

인류 역사를 통틀어 지식과 정보의 양은 그 어느 때보다 방대해졌다. 뉴턴이 말한 "내가 더 멀리 볼 수 있었던 것은 거인의 어깨 위에 서 있었기 때문이다"에서 '거인의 어깨'는 책에서 인터넷으로, 그리고 이제 AI로 확장되었다. 과거에는 정보의 축적과 전달 중심이었다면, AI 시대의 '거인의 어깨'는 정보를 읽고 이해할 뿐만 아니라, 맥락과 의미를 파악하고 재구성하여 활용할 수 있는 방안까지 제안하는 디지털 동료로 진화했다.

우리는 지금 수많은 AI 도구들이 쏟아지는 시대에 있다. 처음에는 많고 복잡한 기능들에 압도되기 쉽다. 새로운 도구들이 매일 생겨나고 어제 사용했던 도구에 새로운 기능이 추가되어 사용법이 달라지기도 한다. 하지만 중요한 것은 모든 도구를 다 아는 것이 아니라, 도구 사용의 목표를 명확히 하고, 나의 필요에 따라 맞는 도구를 선별해 전략적으로 활용하는 것이다.

어떤 도구는 콘텐츠 기획에 강하고, 어떤 도구는 시각 자료나 영상 제작에 특화되어 있다. 각각의 도구를 하나씩 따로 쓰는 것도 유용하지만, 상황에 따라 이들을 연결하고 융합할 수 있다면, 나만의 팀을 꾸려 일하는 것처럼 생산성을 크게 높일 수 있다.

AI는 도구를 많이 아는 사람보다 잘 활용하는 사람에게 더 유용하고 실질적인 조력자가 될 것이다. 필자 역시 실무와 일상에서 다양한 도구들을 활용해 왔고, 아래는 그중 실제로 자주 사용하는 사례들이다.

첫째로 글쓰기에 AI를 활용한다. 글쓰기에 챗지피티, 클로드 AI를 활용하는데, 주로 초안은 필자가 직접 작성하고 이 글을 플랫폼에 따라 최적화하기 위해 AI를 활용한다. 챗지피티는 공식적이고 간결한 글에 적합하고, 클로드는 좀 더 부드러운 글을 작성해 준다. 강의 기획이나 강의안 작성에 아이디어를 얻기도 하지만 문서화에 필요한 적절한 용어를 찾는 데에 더 큰 도움을 받는다. 특히 사용 용도에 따라 커스텀 지피티(Custom GPTs) 챗봇을 만들어 사용하면 보다 빠르게 작업을 수행할 수 있다. 글에 어울리는 이미지가 필요하다면 미드저니나 달리-2를 활용해 시각적 요소를 추가한다.

둘째로 정보 탐색에는 주로 퍼플렉시티를 활용한다. 퍼플렉시티는 웹에서 최신 정보를 찾아 정리해 주기 때문에, 특정 주제에 대한 최신 트렌드를 빠르게 파악할 수 있다. 특히 정보의 출처를 함께 알려 주므로 AI 환각 현상을 방지하고 직접 팩트 체크가 가능하다. 또 프로 모드(pro mode)로 사용하면 해외 사이트까지 광범위하게 검색하여 알려 주므로 더 많은 정보를 탐색할 수 있다. 주의할 점은 뉴스나 학술 자료가 아닌 블로그 등의 글이 출처라면 다른 출처의 자료를 함께 확인할 필요가 있다. 퍼플렉시티는 챗지피티나 클로드가 작성한 글이 사실인지 확인이 필요한 경우에도 유용하다. 사실 확인이 필요한 글을 넣고 팩트 체크를 요청하면 다양한 출처와 함께 꼼꼼하게 글을 확인해 준다.

셋째, 창작 활동에 특히 다양한 AI 도구를 활용한다.

얼마 전 반 고흐의 유명한 작품들을 미드저니로 그리고 이를 AI 영상으로 제작해 보았다. 미드저니가 그린 반 고흐의 작품 이미지를 클링(Kling) AI를 활용해 영상으로 만들고, 이 영상들을 캡컷(Capcut)으로 연결하였다. 여기에 어울리는 배경 음악은 수노AI에서 클래식 음악으로 만들고 영상에 추가하였다. 수노AI에서 음악을 만들 때는 챗지피티에게 영상의 아이디어와 기획을 주고 어울리는 음악을 만들기 위한 수노AI 사용법을 물어보았다. 이미지와 영상, 음악을 생성하는 AI 도구는 정말 많다. 만들려는 콘텐츠 목적에 따라 어떤 도구를 선택할 것인지 어렵다면 챗지피티나 퍼플렉시티에게 질문해도 좋을 것이다.

이러한 도구들을 개별적인 작업에 사용하는 것도 좋지만 비즈니스 동료로 활용할 수도 있다. 예를 들어, 1인 창업가라면 마케팅, 홈페이지 제작, 제품 상세 페이지 작성 등 모든 것을 혼자 해야 할 것이다. 이 경우 아래처럼 AI를 파트너로 활용하면 빠르게 비즈니스를 시작할 수 있다.

1. 챗지피티로 브랜드 콘셉트와 마케팅 전략 기획
2. 감마(Gamma)로 사업 계획서 작성

3. 미드저니로 브랜드 로고와 패키지 디자인 구상
4. 클링으로 제품 홍보 영상 제작
5. 슬래시페이지(Slashpage)로 랜딩 페이지 제작
6. 퍼플렉시티로 경쟁사 및 시장 분석

그밖에 타깃 고객 분석 및 정보 수집과 데이터 정리, 자동 이메일 전송 등 과거에 큰 비용이 필요했던 업무들에 AI를 활용하면 더 저렴한 비용으로 빠르게 작업할 수 있다. 그러나 AI 도구들을 활용할 때 가장 중요한 것은 개인의 목표와 아이디어다. 훌륭한 팀이 있어도 아이디어가 없다면 무용지물일 것이다.

미래의 라이프 코치, AI

우리는 삶에서 늘 방향을 찾는다. 코칭이란, 누군가가 나의 가능성과 목표를 함께 바라봐 주고, 실행을 돕는 과정이다. 전통적 코치는 사람일 수 있지만, 이 책에서 말하는 'AI 라이프 코치'는 훨씬 더 포괄적인 개념으로, AI가 삶의 여러 영역에서 대화를 통해 고민을 나누고, 조언을 제공하며, 목표 실행을 돕는 모든 활동을 의미한다.

AI는 대화를 통해 나의 고민을 들어주고, 실현 가능한 아이디어를 함께 만들고, 정보와 도구를 추천해 주며 실

행을 돕는다. 혼자서는 하기 어려웠던 일들을 AI와 함께 시도하며 삶의 관성을 조금씩 바꿔 나가는 것, 이것이 AI 시대 확장된 의미의 '코칭'이다.

《어린 왕자》의 저자 생텍쥐페리는 이렇게 말했다.

> "바다에 대한 열망만 심어 주면 배를 만드는 방법을 일일이 알려 줄 필요가 없다."

바다에 대한 동경이 있다면 배를 만드는 방법을 알려 주지 않아도 알아서 방법을 배우고 배를 만든다는 뜻이다. 이제 우리는 AI 덕분에 배를 만드는 법조차도 일일이 배우지 않아도 된다. 바다를 향한 열망, 즉 내가 가고 싶은 삶의 방향과 목적지가 분명하다면, AI는 우리가 배를 띄우는 데 필요한 여정을 도울 수 있다. AI를 통해 필요한 정보와 도구, 방법을 구하고, 이를 바탕으로 목표에 더 빨리 도달할 수 있는 것이다. 이것이 바로 '미래의 라이프 코치 AI'를 주체적으로 활용하는 방식이다.

하지만 중요한 사실이 있다. AI는 무엇이 좋은 삶인지 알지 못한다. 좋은 삶, 가치 있는 삶의 기준은 우리 각자에게 있다. 아무리 똑똑한 AI가 곁에 있어도 코칭의 주체는 '나'다. 미래의 라이프 코치로서 AI를 잘 활용하는 일은 결국, 자기 자신에 대한 탐색과 이해를 바탕으로 기술을 의미 있게 쓰는 일이다. 삶의 의미를 발견하고 이를 실현하고자 하는 사람에게 AI는 가장 빠르고 든든한 동반자가 될 수 있다. 그리고 그 여정의 중심에는 언제나 '나'라는 존재가 있다.

참고문헌

김난도 외(2023). 《트렌드 코리아 2024》. 미래의창.

송길영(2023). 《시대예보: 핵개인의 시대》. 교보문고.

유수진(2024.2.13). [시사금융용어] 솔로프러너(Solopreneur). 《연합인포맥스》, https://news.einfomax.co.kr/news/articleView.html?idxno=4298221

김미진

디지털라이프코칭센터 대표다. 한국항공대학교 컴퓨터공학과 졸업 후 IT 개발자로 근무했다. (사)디지털리터러시교육협회에서의 교육 활동을 시작으로 디지털 리터러시 교육자이자 '디지털라이프코치 소유즈'로 교육 및 연구 활동을 하고 있다. '신나는 도전, 내가 주도하는 디지털 라이프'를 슬로건으로 AI 시대에 디지털을 주도적으로 활용해 더 풍요롭고 행복한 삶을 누리는 것을 교육의 목표로 한다. 저서로 《챗GPT 리터러시를 만나다》(공저, 2023), 《AI가 바꾼 나의 일상》(공저, 2024) 《33개 웹 & 앱을 활용한 스마트한 원격 수업》(공저, 2021)이 있다.